SHODENSHA
SHINSHO

一生モノの英語勉強法

——「理系的」学習システムのすすめ

鎌田浩毅
吉田明宏

祥伝社新書

はじめに

挫折《ざせつ》しない英語学習法――「理系的」学習システムとは

英語は世界第一の国際語です。本書を手にしてくださった方は、きっと、英語ができるようになりたいと思っていることでしょう。これまでに何度か挫折してきた方も、おられるかもしれません。そうした皆さんに、本当に英語が習得できる学習法を提示するのが、本書のねらいです。

英語ができるようになりたいが時間がない、どのように取り組めばよいかわからない、という人が、日本には残念ながら数多くいます。こうした方も苦労が少なく勉強が捗《はかど》るように、本書では英語学習のさまざまな面を分析し、具体的な方策を提示します。

英語は決して習得困難な「特殊技能」ではありません。ある程度の時間をかけて適切な方策で学習を続ければ、必ずできるようになります。本書では、効果的な勉強法をわかりやすく示すとともに、もっとも大切な「学習の継続」のためのコツを満載しています。

語学というと文系教科の代表のようなものですが、本書では英語の習得をなるべく「理系」的に「システム」化して皆さんに提示します。

英語を効率よく学ぶためには、人間のコミュニケーションの構造そのものを知っておく必要があります。普段私たちは日本語を自由に操《あやつ》っていますが、外国語の学習には母国語の習得とは異なるメカニズムが働いているのです。ここで、外国語に関する合理的な習得法を前もって知っておけば、その後の勉強が楽にはかどります。

最初に、英語の学習プロセスをなるべく客観的・分析的に見つめ直してみます。その際には、言語学と心理学の知識を活用し、学習行動そのものを理系の視点で解析することが、たいへん役に立つのです。

現在、多くのビジネスパーソンは、英語で書かれた意味が何となくわかれば訳せる、と思っています。しかし、これはまったく誤りです。それでは英語はいつまでたっても使えるようにはなりません。

言語の構造が基本的に異なっていることを無視して「何となく」訳しても、ちょっと複雑な文章に出会うと、すぐに意味を取り違えてしまいます。こうした間違いを契約書や企画書を読む時にしてしまったら、大変なことになるでしょう。このようなミスがなくなり、英語を自由自在に操れるようになることを、私たちは目標としています。

フィーリングではなく「構造」で学ぶ

本書が目指すところは、英語が日本語とまったく異なる言語の「構造」を持つことを知り、その結果として皆さんに英語を自在に使えるようになってもらうことです。英語はフィーリングで何とかなる、と勘違いしている人たちの考え方を変えたい、と考えています。

言語を成り立たせている構造をきちんと理解することによって、英語がきちんと使えるようになります。言語学の初歩を学び、場当たり的な英語の知識ではない、本格的な英語力が身につくのです。その結果、さまざまな現場でのコミュニケーションに活用していただきたいと希望しています。

小手先の文例や慣用表現をいくら覚えても、英語を「構造」的に使えるようには決してなりません。逆に、簡単な英文でも、すべての単語の働き方が正確にわかれば、他の場面においていくらでも応用が利《き》くのです。

これが言葉を「構造的に理解」したという状態であり、私たちが目指している教育法です。こうした理系的な学習法によって、努力と根性でがむしゃらに取り組む勉強から解放されるでしょう。

こういった点で、本書は英語学習に関する類書とまったく異なっています。学習効果を高めるためには、自分が納得する勉強法を見つけることが重要です。各章では、皆さんが英語を習得するうえで役に立つと思える良書をたくさん紹介していますので、これらも参考にしていただきたいと思います。これまで英語勉強法の本をいくら読んでも腑《ふ》に落ちなかった読者の方々に、思わず膝《ひざ》をたたく思いをしていただけるはずです。

本書のタイトルを『一生モノの英語勉強法』としたのは、まさに英語を一生使いこなすための秘術を伝授したい、と思ったからでもあります。一度きちんと勉強法を確立すれば、英語は皆さんの人生にとって大きな力となるからです。それは効果的な伝達手段（ツール）としてだけでなく、未知の文化や歴史など自分の世界が広がるきっかけを与えてくれるものでもあります。

京大人気教授＋カリスマ受験講師　二人のノウハウを結集

本書の著者の一人（鎌田浩毅《かまたひろき》）は、京都大学で地球科学の研究と教育に携《たずさ》わり、英語を国際社会の中で日常的に使っています。学部生と大学院生に効率的な理系的勉強法を説いており、毎年数百人が集まる講義は教養科目の人気1位という評価をいただきました。

さらに、テレビや雑誌で科学をわかりやすく解説する「科学の伝道師」活動を行なっており、地球や火山の入門書を書いてきました。そのほかにも『一生モノの勉強法』『一生モノの人脈術』（いずれも東洋経済新報社）や『ラクして成果が上がる理系的仕事術』（PHP新書）などビジネス書のロングセラーも刊行しています。モットーは「おもしろくて役に立つ教授」で、英語教育に関しても一家言《いっかげん》を持っています。

もう一人（吉田明宏《よしだあきひろ》）は、関西の予備校で英語の初歩から難関大学合格までの英語教育に携わり、中一から高三の生徒を指導しています。幸いにも、毎年多くの生徒や保護者の皆さんから、「英語が好きになった」「志望校に合格した」という声を頂戴しています。

二人とも毎日英語で仕事をしながら、若者やビジネスパーソンに英語を自由自在に使いこなすコツを伝授しています。本書には仕事場の異なるこの二人の著者が、これまで試行錯誤して得たノウハウとテクニックを余すところなく開示しました。実際、私たち二人から教えを受けた若者たちは、みな英語が得意になっていきました。

本書のベースは、これまで鎌田が研究の途上で開拓してきた「理系的」な勉強法や仕事術にあります。それらのノウハウを英語の学習法へ存分に応用してみました。英語は適切な学習法さえ知っていれば、誰でも使えるようになります。そのことが、まず私たちが力説したい一番大切なポイントなのです。

本書は新しい視点で説く英語学習の「取扱い説明書」です。気楽に読み流してもらって、まったくかまいません。「なるほど、これならば英語ができるようになる!」と皆さんに感じてもらえることが一番大事なのです。

そして、ここで紹介するさまざまな手法の有効性は、英語の学習だけに留まりません。本書では、あらゆる勉強の基盤にある考え方を、細大もらさず開陳したいと思います。具体的な実例を挙げながらわかりやすく解説しますので、楽しんで読み進めていただければ幸いです。

では、コミュニケーションの技術としての「理系的」な英語勉強法の世界へご案内しましょう。

二〇一三年二月

鎌田浩毅
吉田明宏

目次

第4章 英文を読む――「多読」と「精読」の訓練法

第1章

英語ができれば人生が変わる!

(1) 人間は「フレームワーク」に支配されている

フレームワークを知れば、コミュニケーションがうまくいく

私たちは、日々、さまざまな人と関わりあって暮らしています。そうした人々と友好的で有意義な関係を築き、お互いに刺激しあいながら自己を高めていくことは、人生を豊かにする大きな要素です。本書を手にした皆さんが目指す英語の習得も、最終的には幅広くさまざまな人々とこうした「友好的で有意義な関係」を築くことが目標となるでしょう。

世界の人々とコミュニケーションを取るために、実質的な世界共通語である英語を身につけるわけです。ここで英語習得に関するくわしい話を始める前に、コミュニケーションを考えるうえで大切な「フレームワーク（framework）」という概念を説明しておきましょう。

身のまわりを見回してみると、他者とのコミュニケーションが上手な人が必ずいます。その人は、自分とは異なるタイプの人々とも幅広く友好関係を築いているのです。

もちろん友人の数で人生の価値が決まるわけではありませんが、こういう人は必ず数多くの良き友に囲まれています。そして、彼らからさまざまな刺激を得て、自分を成長させてい

くことができるのです。良好なコミュニケーションが取れれば、より充実した人生を送れるのではないでしょうか。

こうした円滑なコミュニケーションのためのキーワードが、「フレームワーク」という考え方です。フレームワークとは、「考え方の枠組み」「頭の中の思考パターン」のことです。

フレームワークが異なると、相手とうまくコミュニケーションを取れません。自分が当たり前と思っていたことが、相手にとって当たり前ではないことがあります。自分の意見ばかり語ったために、話が相手へうまく通じなかったという経験は、誰にでもあるでしょう。このような時は、「お互いのフレームワークが異なっていたこと」が一番の原因なのです。

フレームワークの「ずれ」と「橋わたし」

人はみな異なるフレームワークを持ち、そのフレームワークに従って行動しています。フレームワークは、それまで生きてきた価値観によって構築されます。人生で成功や失敗の体験として積まれたものすべてが、フレームワーク形成の原料となっているのです。したがって、自分とまったく同じフレームワークを持った人は、この世に一人としていません。

人はすべて、自分だけが持つ固有のフレームワークに支配されて動いているのです。よって、他者とコミュニケーションを取る時には、お互いのフレームワークの「ずれ」が必ず生じます。

この時、相手のフレームワークを理解しようと努めれば、このずれが少なくなります。自分と相手のフレームワークの間に横たわるギャップを埋めつつ、コミュニケーションを図るのです。ずれが少なくなってくれれば、お互いに理解しあえているという感覚が得られます。

最終的には、友好的かつ刺激的な関係を築けるようになるでしょう。このように互いに異なるフレームワークを受け渡すことを、「フレームワークの橋わたし」と呼びます。

フレームワークの橋わたしは、多くの人と接して経験を積むことによって上手になります。それまで自分がまったく持っていなかったフレームワークを所持することにもなり、人とのコミュニケーションが円滑に行なえるようになります。誰と出会って何を見て、どのようなことを学んだかのすべてが、自分の中に新しいフレームワークを形成するのです。

人間関係をうまく構築するためには、フレームワークの橋わたしが最大のポイントです。こうしたフレームワーク理論については、鎌田浩毅著『ブリッジマンの技術』（講談社現代新書）と『成功術 時間の戦略』（文春新書）にくわしく書きましたので参考にしてください。

（２）「フレームワーク」を増やして世界へ飛び立とう

英語の習得は新しいフレームワークを手に入れること

さまざまな人と出会い、自分と異なる価値観に触れることで、人生はますます豊かになります。実は、自分のフレームワークを大きくしたり、新たなフレームワークを獲得したりする際に、英語の習得が大いに役立つのです。

人間の思考はすべて言語によって行なわれており、人のものの見方や感じ方は、使う言葉によって大きく左右されます。つまり、日本語を話す人間と英語を話す人間とでは、そもそものの世界のとらえ方が異なっています。言語の違いが、頭の中のフレームワークの形成にも大きな影響を及ぼしているのです。

言葉にできることは極力言葉に

具体的な例を挙げてみましょう。英語と日本語ではものの数に対する感覚がまったく異なります。

今、日本語の小説を英語に翻訳するとしましょう。「庭にヒマワリが咲いている」という和文があると、翻訳者は困ってしまいます。ヒマワリが一本なのか複数なのかを決めなければ、英語に訳せないからです。もし可能であれば、翻訳者は原作者に問い合わせるでしょう。

英語と日本語のフレームワークの違いのせいで、こんな簡単な文でも英訳が進まないのです。すなわち、原作者に聞かなければわからないのは、内容がむずかしい箇所ばかりではないのです。ここで上手に「橋わたし」をしないと、原作者の持つイメージが英語の読者には伝わらない、ということが実際に起きるのです。

もうお気づきでしょう。英語という言語は、ものの「数」に対して非常に敏感です。何に関しても、数がいくつあるかを正確に表現しようとします。というのはヨーロッパ言語には、「言葉にできることは極力言葉にする」という特徴があるからです。

たとえば、目の前にある品物がペンであることを相手に伝える時、英語では、

This is a pen.

と言います。

しかし、日本語では「これは一本のペンです」とは決して言いません。「これはペンです」という表現が自然な日本語です。

話し手から見ても聞き手から見ても、ペンが一本であることは明らかですから、「明らかなことはわざわざ口に出さなくてもいい」というのが、日本語の感覚です。

それに対して、英語では、「明らかに一本なのだから、わかっていることは明瞭に伝えよ」という姿勢があるのです。欧米人にとって、「わかっていることを明瞭に」言えない人は、社会でうまく暮らしていくことができません。

ヨーロッパ人はもともと狩猟民族でしたから、自己主張がきちんとできることが前提となっています。複数か単数かという事実を伝えるのが、彼らには「当たり前」なのです。よって、自分が学生であることを伝える時に、英語では、

I am a student.

と「a」をつけるのが絶対のルールとなっているのです。

一方、日本人が「私は一人の学生です」と言っているのは聞いたことがありません。すなわち、日本語では、単数であるという事実を伝えないのが「当たり前」です。

ここにもフレームワークのギャップが如実に生じています。こうした英語の「当たり前」に早く慣れることができれば、英語が上手に使いこなせるようになるでしょう。

「忙しい」は断《ことわ》りの返事？

また、こんなエピソードもあります。ある日本人が、アメリカ人の家族を訪問する約束をしていたところ、直前にメールが入りました。

「来月の第三週に来てもらう予定だったが、仕事が入ったため、できれば○日の午前か、×日の午後に来てほしい。可能なら私も在宅しているし、私が留守でも家族が対応します」という連絡があったのです。

日本人はこの内容を「遠まわしな断り」と受け止め、「訪問はご遠慮します」とのメールを送りました。すると、相手の家族は非常にがっかりするとともに、「なぜ来ないのか？」と不審に思ったそうです。

この日本人からすると、相手の「本当の気持ち」なるものを察《さっ》して、気を使って中止したつもりでした。しかし、メールにはどこにも「来るな」とは書いておらず、逆に「来てもらう」ための具体的な条件が記されていたのです。

ここで日本人は、勝手に余計な推察をしてしまったのですが、これは政治レベルでもよく起きうる話です。実際、日本のある都市の首長がアメリカを訪問しようとした時に、同じことが起きたそうです。基本的に、西洋の習慣では言ったことや文字に書かれたことは、そのまま正確に受け取らなければならないのです。

国際社会ではさまざまな文化的背景を持つ人々、つまり「フレームワーク」の異なる人たちが一緒に仕事をしています。英語はこうした中では唯一といっても過言でない、最大のコミュニケーション・ツールです。円滑な意思疎通を行なうには、誤解の生じないように、言いたいことをはっきりと言う傾向が、日本語よりもずっと強いのです。

英語の裏に潜《ひそ》む意図を下手に「深読み」すると、失敗してしまうことがあります。直截《ちょくせつ》的な物言いを避け、こちらの意図を相手に察してもらうことを期待する日本人には、むずかしく感じる場面が多々生じるのです。

たとえば、アメリカのホテルで目玉焼きを注文する際にも、片面だけ焼くのか、両面を焼くのか、焼き加減はどれくらいが好みか、などについて細かく聞かれます。言葉を発する側も、受け取る側も、言葉にできることは極力言葉にして、きちんと伝えようとする姿勢がここにもあるのです。

こうした特徴は、英語のルールにも少なからず影響を与えています。先ほどヒマワリが何本か決まらないと翻訳できない、という話をしました。英語がものの数に敏感なのも、できるだけ正確な言葉で表現するという特徴と関わりがあるのです。

英語を通して英語圏の思想を学ぶ

日本語と英語には、もう一つ重要な違いがあります。日本語では主語が省略されることが多く、いちいち「私が」「あなたは」などとは言いません。これに対し、英語では原則として主語が省略されることは、まずありません。

国際機関での同時通訳を手がける井上久美《いのうえくみ》さんは、法廷通訳の世界では発言を一〇〇パーセント正確に翻訳するための特有の言い回しがある、と言います。

たとえば、日本語の「やりました」を英語にする際も、

Subject unknown, did.（主語不明、やった）

とわざわざ訳すそうです。

井上さんは「主語（subject）を明示する英語を使うと、より積極的な自分が登場する」と述べています。使用する言語によって、意識も変わってくるのです。

日本語と英語のこうした違いを知ることで、英語圏で暮らす人たちのものの見方や考え方を理解することができるでしょう。このように英語の学習は、同時に英語圏の文化・思想を理解することにもつながるのです。

「トピックセンテンス」という欧米語の約束

鎌田が大学を卒業して通産省（現・経産省）の研究官になった頃のエピソードです。火山の研究成果を最初に書いた英文リポートをネイティブに直された時に、ひどく驚きました。

英語の論文では、段落の冒頭に主題や主張を書かなければなりません。最初の一文は「トピックセンテンス（topic sentence）」と呼ばれるのですが、その段落のポイントを端的に述べなければならないのです。たとえば、「本節では火山の噴火を引き起こすマグマの化学組成について述べる」と冒頭で宣言するように直されました。

こうしたことは日本語の論文には存在しないので、初めて指摘されて面食らいました。理学部の学生時代にも英語でいくつもリポートを書かされましたが、教授たちから教えられたことはありませんでした。

実はトピックセンテンスは、欧米語の約束といっても良いものです。だらだらと語り始めるのではなく、言いたいことを先に明示します。英語と日本語の間に横たわる「フレームワークの違い」が、ここにも存在していたのです。

サイエンスは英語を用いなければ発信できません。そこで、「郷《ごう》に入っては郷に従え」の通り、私はトピックセンテンスをきちんと提示した文章に、全面的に書き直しました。こうした文化を理解することも、英語学習の大事な側面ではないかと考えています。

英語学習は「教養人」への道

ここで少し、英語学習にまつわる「教養」という面について解説しておきましょう。

英語を学ぶ際には、英語が成立した背景を知っておくとたいへん効果的です。たとえば、ヨーロッパ言語の特質や、英米人の国民性などは、英語のさまざまな表現に影響を与えてきました。本書ではこうした内容にまで幅広く話が及ぶこともありますが、ここには大事な意味があります。

実は、英語が本当に使いこなせるようになるには、「教養」といったものも必要だからです。私たちは普段の授業でも、こうした教養的な内容について多く説明を加えます。というのは、コミュニケーションの世界では、相手の状況をよく把握すればするほど、良好な意思疎通ができるからです。

私たちの知っている「英語の達人」は、例外なく教養にあふれ、一緒に話をしていると非常に楽しくなる人です。こうした意味でも、英語の学習はコミュニケーションそのものをレベルアップすることにつながるのです。たとえば、鎌田浩毅著『一生モノの人脈術』（東洋経済新報社）で解説した方法論は、そのまま英語学習にもつながっています。「英語の達人」は「人脈術の達人」にもつながってゆくのです。

人間のコミュニケーションは、「教養」があればあるほど円滑に進んでいきます。と言っても、決して堅苦しく考える必要はありません。言うなれば、話のネタをたくさん持っており、どんな人とも楽しく話ができる、というようなことです。

「教養」の中には、「勉強」だけでなく「遊び」の要素もあります。実は、「遊び」は「学び」につながるので、遊ぶように楽しく英語を学ぶことは非常に大切です。遊んでいくうちに、英語が自分の中で自然なものとなってゆくのが最高の勉強法でもあります。

こうした点から、英語学習の中に「遊び」の要素を入れ、「教養人」になることを目標にして楽しく英語を学習していただきたい、と私たちは考えています。

英語で世界を広げよう

英語は実質的に世界の共通語となっています。ビジネス界でBRICs（ブリックス）の重要性はますます高まっています。経済発展の著《いちじる》しい四カ国、すなわちブラジル（Brazil）、ロシア（Russia）、インド（India）、中国（China）のビジネスパーソンは、いずれも高度の英語力を駆使しています。

また、東京でも京都でも、英語を話す外国人の観光客であふれかえっています。日本人の日常生活の中で英語に触れる機会は、思ったよりもたくさんあります。世界中の人々との英語による付き合いは着実に増えつつあるのです。

最近は「自動翻訳ソフト」というパソコン上で動く非常に便利なものが登場し、その性能が大幅に向上しています。また、会社の業務ではプロフェッショナルの翻訳家や通訳の力を借りることもできます。余暇《よか》にハリウッド映画を字幕で見たり、翻訳小説を楽しんだりする人もいるでしょう。

こうした際に、翻訳者や通訳者を通して日本語で理解している限り、もとの内容は少なからず変化しています。本来の英語が持つニュアンスを犠牲にして、日本語でわかる範囲に限って翻訳されているからです。

本当は、英語で表現されたものは、英語で理解するのが理想です。さらに、英語を使う人に対しては、英語で発信したいものです。私たちが英語のビジネスレターや論文、英語で行なわれる会議のプレゼンテーションをそのまま理解しなければならない機会も、かなり増えてきました。

こうした際に、付け焼き刃の英語で何とか切り抜けるのではなく、できるだけ正しい英語を使えるようになりたいものです。正しい学習法を知ったうえで英語を学んでいけば、英語は着実に上達します。その結果、英語を話す人との「フレームワークの橋わたし」がスムーズにできるようにもなります。これに加えて、英語という新しい言語を習得すること自体が、自己のフレームワークを大きく「進化」させてくれるのです。

実は、英語の習得は、人生を豊かにするためにも大いに役立ちます。英語ができるようになると、自分の世界が一気に広がるでしょう。日本語だけでは決して出会えない新たな友人にめぐり逢い、人生をさらに豊かにする旅に出ることも可能です。本書で紹介する学習法を実践し、「人生を変える英語学習」を実現していただきたいと願っています。

(3) 英語を学ぶ目的をはっきりさせよう

なぜ英語を学ぶのか

英語学習を始める時には、なぜ今英語を学ぶのかを、最初にじっくり考えていただきたいと思います。たとえば、「海外の支社で活躍する」「英字新聞を読めるようになる」「将来カナダに移住する」といった目的をはっきりさせるのです。

「英語ができるようになりたい」といっても、人によって目的はさまざまです。仕事で必要なのか、趣味に活用したいのか。それとも外国の友人を作りたいのか、等々。その際に必要な英語のレベルはどれくらいなのかによって、学習の方法も異なってきます。

私たちは英語のネイティブ・スピーカーではありません。よって、目的に合致した英語力を身につけるために、最適な学習法を選択する必要があります。ここで大事なのは、何でも良いから英語ができるようになりたい、ではなく、まず英語の「限定的な能力」を身につけることに的《まと》を絞《しぼ》る、という考え方（戦略）です。

最初に、「限定的な英語力」という内容を、よく考えてみましょう。

たとえば、

☆仕事で英語の文書を読まないといけないので、まず読解力を高めたい。
☆外国の友人と英語でメールのやりとりをする英語力をつけたい。
☆字幕なしで映画を楽しみたいので、リスニング力をつけたい。

といった具合です。

英語の学習では、読む・書く・聞く・話すの四分野を総合的に伸ばしていくのが理想的です。最終的には、この四分野についてまんべんなく実力をつけることを、本書でも目指しています。

しかし、総合的な英語力向上の前段階としては、できることから課題をクリアしていかなければなりません。そのためにもまず自分の設定した目的に合わせて、最初にどの分野を重点的に伸ばすかを先に決めましょう。

目標と計画を立てる──期限と方法の決定

英語を学習する「目的」を定めたら、いつまでにどのレベルに達するかを「目標」として設定しましょう。

たとえば、「半年後のTOEIC《トーイック》で八〇〇点を超える」「一年後には字幕なしで洋画を見られるようにする」などの具体的な目標です。これを定めることで、何をどれだけしなければならないか、が見えてきます。

そして、こうした「目標」がはっきりと定まったら、次に「計画」を練りましょう。ここで計画は、「長期的な計画」と「短期的な計画」の二つに分けます。

「長期的な計画」とは、自分の人生設計も含めたロングランの総合的な計画です。また、「短期的な計画」とは、今日これからやることも含めて半年後くらいまでの具体的な計画です。これらをきちんと分けて、じっくりと計画を練ることが目標達成の秘訣《ひけつ》なのです。

ちなみに、鎌田浩毅著『一生モノの勉強法』（東洋経済新報社、12ページ）では、勉強に入る前に自分を振り返ってみることを勧《すす》めています。英語に限らず、いったん決意して勉強を始めると、自分の時間とエネルギーと資金を大量につぎ込むことになります。よって、「場当たり的な勉強をしてはいけない」というアドバイスがきわめて重要になってくるのです。

「戦略」を立て、「戦術」を練る

今、「一年後に英語のニュース番組を視聴できるようにする」という目標を立てたとしましょう。これを達成するためには、次の三項目に分けて学習をする必要があります。

一、約一カ月かけて英文法をきちんと学び直す。
二、その後、やさしいリスニング教材で聞く力を高める。
三、時事英語に慣れるために、英字新聞を購読する。

こうした、総合的な計画を最初に立てるのです。これは「戦略（ストラテジー、strategy）」を立てると言ってもよいでしょう。

この時に、目標に合致しない戦略を立ててはなりません。特に、あれこれと欲張って達成不可能な戦略とならないように注意してください。そのためには、英語学習とは本来どういうものなのか、を知る必要があります。

さらに、これまで自分が受けてきた英語教育の問題点はどこにあったのか、も知っておくと良いでしょう。ここから、本当はどのような方策が効果的なのか、も見えてきます。さらに、言語を習得するとは本来どういうことか、といった本質的な内容も、英語をきちんと身につける際には大切な情報となります。

本書では、英語学習の根底にあるべき「言語観」についても、わかりやすく解説します。それらを参考にして、今の自分にもっとも合った戦略を立てていただきたいと思います。

次に、こうした戦略に沿って、より短期の計画を具体的に練ります。これは「戦略」に対して、「戦術（タクティクス、tactics）」と呼ばれます。

たとえば、先の（一）の項目に挙げた内容に関して言うと、文法を学び直す際に使用する教材を選びます。次に、その教材の具体的な使い方を決めます。

さらに、その教材を何曜日に何時間勉強するのか、といった具体的な学習時間を決めるのです。最後に、教材をいつまでに終わらせるのか、といった全体のスケジュールも定めます。

戦術を練る際には、こうした具体的な内容や期限まで細かく決めておくことがとても大切です。言わば、勉強を始める前に、持ち時間とゴールをきちんと予測しておくのです。

本書の扱う分野

英語学習とひと口に言っても、文法学習やリスニング練習など、さまざまな分野に分かれます。本書では、総合的に英語の力を向上させることを念頭に置きますが、いくつかの分野に分けて訓練します。

一、発音
二、文法
三、読解
四、単語
五、リスニング
六、スピーキング

このような六つの項目内容に分けて、各分野の強化を図ります。ちなみに、こうした分け方そのものが「戦略」的な学習法の考え方なのです。

次に、それぞれの分野ごとに、具体的な「戦術」を提示します。ここでは各人の目的に合わせて、うまく組み合わせてください。なお、持ち時間や達成目標のレベルにしたがって、大胆に取捨選択することも大事です。そこでのポイントは、三日坊主にならないことです。

実は、本書で示す学習法は、英語に限らずすべての科目で通用する方法でもあります。経済学でも地球科学でも、何かを学ぶ際に活用できるコツをたくさん含んでいるのです。

なお、本書で紹介する学習の基本的な方法論は、鎌田浩毅著『成功術 時間の戦略』（文春新書）と『ラクして成果が上がる理系的仕事術』（PHP新書）で、大学生とビジネスパーソンに開示したものがもととなっています。前者は基礎編（理論編）、後者は応用編（実践編）という種分けになっているものです。

これら二冊とも、最近一〇年ほど京都大学における講義の副読本として学生・院生に使ってもらい、着実な成果を上げてきました。英語学習でも「戦略」と「戦術」を使いこなして成果を上げることに成功したら、実生活の他のさまざまな場面で活用していただきたいと願っています。

第2章

〝武器〟としての発音

part A

英語学習のやり直しは発音矯正から

(1) 成功の秘訣は発音練習

発音は「武器」になる

本章では、具体的にどのように英語学習を進めればよいのかについて、考えていきましょう。英語学習のやり直しと聞くと、皆さんは英文法を真っ先に思い浮かべるかもしれません。確かに英文法はとても大切ですから次章でくわしく述べますが、その前に発音練習の重要性について説明します。

発音練習といっても、ネイティブ・スピーカー並みの発音ができるようになろう、というのではありません。ここで発音練習を強調するのは、それが英語学習を継続するうえで大きな「武器」となるからです。

英語に限らず、何かを習得する際に成否を分ける最大のポイントは、学習や練習を「継続できるかどうか」です。そして、後の章で述べるように、私たちは英語学習の重要な柱として、「英文を声に出して読む」作業を必ず加えています。

ですから、自分の発音にがっかりすることなく、自信を持って声に出して読むことが大切なのです。楽しく、かつ気分よく音読できるようになれば、毎日の学習が順調に進むようにもなります。

内容が大事か、発音が大事か

英語の学習指南書では、しばしば「発音は気にしすぎるな」と書かれています。「まずは話す内容が大事だ」「発音よりも中味を考えるように」などと繰《く》り返し言われます。

確かに、間違いではないのですが、それでも発音が良いほうが、はるかによく伝わります。何を言っているのかわからない発音よりも、きれいな発音がいいに決まっているのです。

「ノーベル賞受賞者のスピーチは、英語がたどたどしくてもみんな熱心に聞くじゃないか」と言う人もいます。しかし、こうなるともう詭弁《きべん》です。逆に言えば、あなたがノーベル賞を獲《と》ったら、英語の勉強はしなくて良いことにもなります。

言い換えれば、もしノーベル賞がもらえそうにないのであれば、英語はきちんと学習したほうが身のためです。「私の発音はひどいが、内容は立派なのだから文句を言わずに聞け」というのは、国際社会では通用しないのです。

ちなみに、鎌田の同僚には、ノーベル賞を本気で獲ろうとしている学者がゴロゴロいます。彼らの研究内容は世界中の人が知りたいので、どんなにひどい英語でも真剣に聞いてくれるかもしれません。

一方、幸か不幸か地球科学にはノーベル賞はないので、鎌田は今でも一生懸命に（本当です！）英語を勉強しています。国際学会に出たら、せめて聞きやすい発音で発表を行ない、時間を割《さ》いて集まってくれた聴衆に満足してもらえるように、心がけているのです。これは発表者としての礼儀でもあります。

もし、発音の習得が非常に困難なものだったら、「発音が悪くても仕方がない」という割り切りも必要でしょう。しかし、それはリスニング教材がなく、また外国人に会うこともなかった江戸時代の話です。

反対に、現代ではやる気さえあれば、いくらでも発音の勉強をすることは可能です。実際、高校生や大学生を見てもわかるように、きれいに発音する日本人は明らかに増えてきました。

英語の発音は、決してむずかしいものではありません。少しの訓練で、きちんと明確に発音できるようになるのです。よって、英語学習のやり直しの最初に、しっかりと練習していただきたいと願っています。

（２）音読が一〇〇倍楽しくなる方法

音読は「カッコよく」

音読は英語学習の要《かなめ》です。これを楽しみつつ継続させるためには、いくつか工夫が必要です。

まず、音読の「なめらかさ」が決め手となります。自分でうまくスラスラと発音できるようになると、英語を口に出すこと自体が楽しくなるのです。訓練しているという感覚から、次第に趣味に没頭している感覚に近づいていきます。

今ここで、カッコよく英語を話している自分をイメージしてみてください。想像するだけでも、うれしくなってきませんか。

正しい方法で練習をすれば、驚くほど短期間で「カッコよく」話せるようになります。こうして、基礎訓練に必要な音読を「いくらでも続けられる」状態をぜひ作り出してください。

反復練習こそ楽しもう

最初に、音読学習に関する全体の流れを押さえておきましょう。

一、発音を矯正する。
二、音読が楽しくなる。
三、音読の習慣がつく。
四、英語が身につく。

という四つのプロセスで行ないます。

今ピアノの練習をイメージしてみましょう。課題曲が与えられた後、何十時間も一生懸命に練習して、ようやく完璧に弾けたとします。

では、最後の完璧な演奏で、練習を終えてしまうでしょうか？

最後の完璧な一回を録音しておいて、次に頼まれた時にその録音を再生する、などということはしないでしょう。一度や二度くらい完璧に弾けたところで、練習が終わるわけではありません。

むしろ、完璧に弾けたという時点が「スタート」なのです。いつリクエストされても同じように弾けるまで、数限りなく練習を続ける必要があるのです。

このような徹底した反復練習は、料理やスポーツなど、他の世界にも当てはまります。練習は何度繰り返しても良いものです。

音読の反復練習は、うまくいけば自分なりの「リズム」が生まれます。そして、いつまでも続けていたくなるような楽しみが誕生するものです。実は、音読は、文法や読解、英作文などより、はるかに効果の実感しやすい訓練法なのです。

part
B
発音こそ論理で攻めよう

(1)「理系的」手法で口内を徹底分析

発音も独学で上達する

吉田は予備校で英語を教えているのですが、恥ずかしながら大学生の頃に、英語がまったく話せませんでした。実は、塾の講師として就職活動をしている時にクレームが付いたことがあります。面接官から「君の発音はもう少しどうにかならないか。ネイティブ並みに話せとは言わないけど」と言われたほどです。

その時は、「留学経験もないし、ネイティブの友人もいないから仕方がないじゃないか」と心の中で言いわけしていました。当時は、「きれいな発音」は独学が困難なものと考えていました。つまり、幼い頃から英語圏に暮らしていなければ話せるようにならない、と思い込んでいたのです。

しかし、実際はまったく間違っていました。発音も十分に独学で上達するのです。正しい方法論さえ身につければ、短期間で見違えるほどうまく発音できるようになります。

発音の「科学的」上達法とは

知人にウットリするほど見事な英語を話す日本人がいます。その方に、「どうやってネイティブ並みの発音を手に入れたんですか」と尋ねたことがあります。

するとと「ネイティブの発音を聞いて、その通りにしゃべるだけです」との答えが返ってきました。その人は音感が鋭く、音の再生に優れた能力を持っているのでしょう。しかし、こうした能力に欠けていても、誰でも英語の発音はきちんと上達できるのです。

帰国子女で、明らかに日本人離れした発音のきれいな大学生がいました。彼らがなぜ発音がよいのかを、「音声学」が解き明かしてくれました。すなわち、自分の発音を「科学的手法」で分析しながら、徐々に改善していく方法があることに気づいたのです。

つまり、音声学の知識と論理を、発音学習にきちんと応用すればよいのです。その最初に、科学的アプローチによって発音をマスターすることが大切です。これは「ひたすらネイティブの発音を聞いてまねる」という根性論ではありません。音声の理屈を理解して練習をすると、ビックリするほど短期間で効果が上がるのです。

声がどのようにして出ているかを知る

「音声学を応用する」といっても、学問としての音声学を本格的に学ぶ必要はありません。口から音が出る仕組みを把握するため、音声に関する基本的な知識のみを活用します。

まず、日本語の発声を例に挙げて具体的に考えてみましょう。

日本語を話している時、さまざまな音がどのように発音されているか、わかるでしょうか。たとえば「口を閉じて、声帯を震わせ、鼻から息を出す」と、どんな音が出るでしょう。

「声帯」とは喉《のど》にある器官です。「アー」と声を出しながら喉を触《さわ》ってみると、細かく振動しているのが実感できます。

ここで、声帯を震わせずに鼻から息を出すと、鼻呼吸をしている状態（無音）になります。それと反対に、声帯を震わせると、口を閉じて「ムー」と言っている状態になります。この「ムー」の状態で、口を開けながら「ア」と言うと、「マ」が発声されます。

誰でも必ず同じ音が出せる

「マ」の発音を説明するだけなのに、なんともややこしい話になりました。しかし、音がどのように口から出るかを自覚することは、外国語の音声を学習するうえで欠かせません。

どの言語を話す人も、私たちと同じ形状の口と同じ可動域の舌を使って発音しています。ですから、その音声を分析的に理解し、練習を積めば、必ず同じ音が出せるのです。

ネイティブの話し声は、英語らしく聞こえます。すなわち、英語らしい音、英語に特徴的な音というのは、確かに存在するのです。こうした英語らしい音を、いくつかだけでも出せれば、全体の印象がガラッと変わってきます。

「カ」の発音

さらに、二つほど日本語の例を挙げて、音の出し方をイメージしてみましょう。次は「カ」です。説明通りに舌を動かして、実際に声を出してみてください。

まず、舌の後方を持ち上げて口の天井につけ、息をせき止めます。両唇《くちびる》は力を抜いて、軽く開いた状態を保ちます。鼻からも空気を漏《も》らさないようにするのです。

こうすると、肺から上がってくる空気は出口を失って、口内の圧力が高まります。その段階で、舌を天井から勢いよく離しながら、「ア」と言ってみましょう。
「カ」と発声できましたか。また、その時の口と舌の動きがイメージできましたか。

「オ」の発音

今度は「おに」「おすし」など、「オ」で始まる言葉です。まず、「オ」を発音する時に口中がどうなっているかをイメージしてみましょう。

唇はややすぼまった状態で、舌先をどこにもつけず寝かせます。少し奥に引き気味にして、声帯を震わせながら声を出すと、「オ」になります。

たとえば、「マカオ」と発音する時には、口の中でこれだけ複雑な動きが、しかも無意識のうちに正確に行なわれているのです。

すべての音の生成過程を、細かく覚える必要はまったくありません。音を作り出す時に、口の中がどうなっているか、を自覚できるようになればよいのです。

（2）独学で発音を練習する方法

日本語との比較練習が大切

書店の英語コーナーでは、発音練習本がたくさん売られています。市販の発音練習本には、「英語の発音の仕方」が細かく解説されています。そこには練習法も提示されているのですが、残念ながら「日本語の発音の仕方」には触れられていません。

本当は、日本語と比較しながら練習してみることが、非常に大切なのです。実際、日本語と英語の音声を比較しながら練習するほうが、ずっと効果的です。

普段から、自分が日本語の音をどのように発しているかについて、意識してみましょう。こうすると、英語の発音にも注意が向かい、英語そのものの学習が捗《はかど》ります。

市販の発音練習本を活用する

発音矯正には市販の教材を使用します。英会話スクール等でも発音指導はしてくれますが、ここでは「独学」で発音練習をするポイントについて述べておきましょう。

刊行されている発音練習本では、それぞれ工夫を凝《こ》らして口と舌の動きを解説していま
す。優れた教本がたくさん出ていますから、「まえがき」や「本書の使い方」などを読み比べて、自分の気に入ったものをまず一冊購入してください。

本を選ぶ際には、実はコツがあります。まず「まえがき」と「あとがき」に目を通して、執筆の目的や意気込みがしっかりしている本を選択します。

次に、「目次」を見て、すぐにイメージできるかどうかチェックします。さらに、本文の中に「見出し」として挟まれた「中見出し」をパラパラと見てゆきます。

ここで中味の流れがすぐにわかる本は、良書です。反対に、流れが中断されてギクシャクしているものは、選ばないほうがよいでしょう。構成が悪い本だからです。

さらに、奥付やカバーを見て、著者の経歴（プロフィール）を読みます。どのくらい実績や業績がある書き手なのか、さらに定番の「新書」など何冊も書いている著者かどうか、についてチェックします。

つまり、学歴や職歴だけでなく、著者のアウトリーチ（啓発・教育活動）の能力がどれくらいあるか、を判断するのです。有名大学の教授にも、初心者に親切な書き手と、そうでない人がいます。

最後に、末尾に「索引」が付けられた本は、アウトリーチのしっかりとした良い本とみなしてよいでしょう。こうした複数のチェックポイントをもとに、書店にたくさんある類似本から、ベストの一冊を選んでゆくのです。なお、こうした書籍の選び方については、鎌田浩毅著『京大・鎌田流 知的生産な生き方』（東洋経済新報社、32ページ）を参考にしてください。本を買う際の大事なポイントを指南しています。

さて、発音練習本の具体的な選び方に、話を戻しましょう。あまり専門的すぎず、基本の解説をていねいにしているものがよいでしょう。いきなりネイティブ並みの発音を目指しているのではないからです。

まず「初級者用」「入門編」などと銘打《めいう》たれた本から入るのがよいでしょう。また、発音練習が目的なので、ＣＤ（またはＤＶＤ）が付いていることも確認してください。逆に、ＣＤなど音声教材のない本は、独学には適していません。

たとえば、巽一朗《たつみいちろう》著『英語の発音がよくなる本』（中経出版）は、オーソドックスな手法で解説している良書です。吉田も昔、発音矯正をする際にお世話になりました。現在発売されている版には、ＣＤ二枚に加えてＤＶＤも付いており、発音の際の口の動きを映像で確認できます。

(3) 発音練習の注意点

以下には、練習時の注意点について、くわしく述べておきましょう。

三割がたマスターしたら、どんどん前に進む

教本には「ここで一〇回練習せよ」などと書いてあります。しかし、一〇回も練習しなくても、二〜三回やってみたら次へ進んでよいのです。目安としては、三割くらいマスターしたら、もう十分です。

最初から完璧さを求めると、練習がつらくなります。つらくなって止めてしまったら、元も子もありません。どんどん前に進むことが肝要です。そのほうが、進展が目に見えて、やる気が継続します。

一日五分でもいいので、毎日ネイティブの発音に触れる

発音練習では、「継続」がもっとも重要なポイントです。どんな学習においても同じことが言えますが、実は継続こそもっともむずかしいところなのです。

特に、発音練習では「慣れ」が大切なので、「毎日練習する」ことを絶対的なルールにしましょう。毎日であれば、たった五分でもよいのです。バスの待ち時間、会議と会議の合間など、スキマ時間を活用しましょう。『ラクして成果が上がる理系的仕事術』（PHP新書、188ページ）では「隙間法《すきま》」と名づけましたが、一日に五分の時間はいくらでも捻《ひね》り出せるものなのです。

極端な話になりますが、本当に時間がない場合には、教材に触ってページを開くだけ、でもかまいません。たとえば、就寝する前に教材に手を触れることで、翌日の学習に対する意識を継続させることができます。よって枕元には必ず発音練習本を置いて寝るようにしましょう。

自分の発音を録音する

練習の際には、必ず自分の発音を録音して、後で聞いてください。ICレコーダーやスマ

ートフォンなど、身近な機器を使います。

自分の英語を聞くのは、ちょっと恥ずかしいものです。しかし、自分の音声とCDの音声を比較すると、どのように修正すればよいかが、よくわかってきます。特に、練習を開始した直後と数週間たった後の音声を比べてみると良いでしょう。自分の成長が実感できて、ますますやる気が出てきます。

なお、第8章には「必須グッズ一〇選」をまとめてありますので、参考にしてください。

一度選んだら、その本を信じて最後までやり通す

先に紹介した選書の方法で買った本は、最後までやり通すことが肝心です。多少荒っぽく途中を飛ばしてもかまいませんから、おしまいまでやってみましょう。

日本人には完璧主義の人が多いので、ていねいにやりすぎて途中で挫折することが多々あります。別の本を選んでも、また最初から始めて同じく挫折、という繰り返しに陥《おちい》ります。

ここでは、最初から完全にこなそうとする点が間違っているのです。まったく新しいことを学習しようとしているのですから、不完全な箇所があって当然なのです。たとえ完璧でなくても、最後までやり通したほうがいいに決まっています。『ラクして成果が上がる理系的

仕事術』（PHP新書、22ページ）では「不完全法」と名づけましたが、現代人には不完全である勇気が一番大切なのです。

最後まで到達したら、全体像をつかむことができます。こうしてから前半まで戻ると、今度はよく理解できます。全体が見えた後だから、個別の事象の意味がわかるのです。こうすると、むずかしかった箇所の練習がスムーズに行なえるようになります。

語学のような「終わりのない勉強」では、とにかく不完全法というテクニックを使っていただきたいと思います。実は、不完全法の考え方は音声学習に限らず、いかなる勉強のステージでも必ず効果を発揮する方法論なのです。

part

C

「形状記憶のできる舌」を再設定する

(1) 舌の「形状記憶」とは

なぜ英語の音が出せないのか

アメリカ人も日本人も、声帯と口と舌を使って発音しています。人間としてはまったく同じ構造の器官を使って言語を話しているのです。よって、理論上は、あらゆる言語のあらゆる音を出せるはずです。

ところが、私たちの舌は日本語だけを発音して何十年も暮らしてきました。その結果、舌は日本語に必要な音を生成する時の「構え」を覚えてしまっているのです。

つまり、子どもの頃より、日本語のみに適応した舌が完成しています。逆に言うと、日本語には存在しない音を発音しようとしても、そのポジションにピタッと舌が止まってくれないのです。

いま、英語を流暢《りゅうちょう》に話そうとしても、舌は日本語の音を生成する位置に勝手に移動してしまいます。言うなれば、舌が日本語用に「形状記憶」してしまっているので、英語の発音はなかなか上手にならないのです。

「th」の発音を説明すると

こうした舌のメカニズムを知ったうえで、日本人が苦手だとされている発音を考えてみましょう。その代表は「th」の発音です。

英語を最初に習う中学校などでは、「前歯で舌先を軽く噛《か》んで発音せよ」と指導されることがあります。ところが実際に、ビジネスパーソンに対して「舌を噛んで発音するように」と指導してもいっこうにうまくいきません。

こういう時は、下の歯を意識しないようにするのがコツです。th を発音する時は、まず舌先と上の前歯だけを意識するようにしましょう。

厳密に言うと、th 音は「舌を上前歯の先端に近づけ、舌先と歯先の間にすきま風を通す」際に生じる音です。しかし、このポジションで舌を固定して音を出すのは、思ったよりも大変です。よって、最初は、「上前歯の先端を舌先でなめている状態で構え、舌先を離しながら発音」すると、うまくできます。

ためしに、舌の動きを確認しながら、that, that, that と繰り返し発音してみてください。うまく発音できましたか。

ただし、この場合でも、舌先の動きを意識してゆっくりとならば発音できます。しかし、とっさに舌をその位置に移動させて固定できるかというと、意外とむずかしいものがあります。

this, that などの語頭の th であれば、発声前から舌を歯先に移動させて準備できます。これに対して、father, brother などと、語中に th が出てくると別の問題が生じます。舌が思うように動いてくれず、うまい具合に発音できなくなったりするのです。

学習五分、訓練一カ月

実は、こうした発音の際の口の形と舌の動かし方は、ものの五分で学習することができます。ところが、その発音を口と舌に覚えこませるには、意識的な訓練が必要です。

発音を五分で習得したら、後は一カ月程度の訓練で舌に「形状記憶」させる必要がある、ということです。つまり、正確なthの発音ポジションが瞬時にとれるまでには、一カ月ほどかけて練習を継続しなければなりません。

現実問題として、英語を話し続ける環境に一カ月間も身を置ける人はあまりいないでしょう。また、英会話の際に細かな発音にこだわってしまうと、本来の会話の学習効果が損《そこ》なわれてしまいます。したがって、実践的な英会話を練習している間は、発音など気にせずどんどん話すほうがよいのです。

(2) 英語の音を日本語で練習する

日本語の中で英語の発音練習

それでは、どのようにして発音練習を行なうかについて述べましょう。お勧めなのが、習得した英語の発音を日本語に取り入れて練習することです。日本語をしゃべる時に、わざとある音を英語の音で発音してみるのです。

たとえば、thの発音を定着させたい時には、日本語のサ行をすべてthで発音します。「ありがとうございます」の「ス」や「さようなら」の「サ」をthで発音してみましょう。

この練習の最初は、ちょっと勇気がいります。ご想像の通り、聞いている人の笑いを誘うからです。もちろん、商談の最中に実践するわけにはいきません。でも、気が置けない仲間との会話なら、意外と楽しんでできるでしょう。

なお、あらかじめ英語の発音練習の一環であるということは断っておきましょう。人に聞かれるのが恥ずかしい人は、一人だけの時に練習してもかまいません。

たとえば、家族や親しい友人とこの練習をすると、大爆笑の連続で大いに盛り上がります。ある朝突然、家族が「おはようございま th」「いただきま th」と言い出したら、腰を抜かすでしょう。おもしろがって練習を繰り返すうちに、その英語の音が強く印象に残ります。この方法には、短期間で正しい発音が身につくというメリットがあるのです。

日本語と英語を比較練習

ここでの大事なキーワードは、「比較練習」です。th の音を日本語の「ス」「ズ」と比べることによって、th の音の特徴をはっきりと認識できるからです。

日本語の中に突然 th 音が現われると大きな違和感があります。その違和感によって、逆に th の発音が印象強く耳に残り、th と s を聞き分ける力の向上にもつながるのです。

と言って、英語に現われるすべての音で、この練習をする必要はありません。普段、発音練習をしていて、「どうもしっくりこない」「舌がもつれる」と感じる音があるものです。こうしたものだけを取り上げて訓練すれば、十分でしょう。

th の音の他には、apple, hat などの a の音、very, vacation などの v の音があります。たとえば、「あした」「あらし」「あう」の「ア」を、apple の a で発音してみます。また、「ぼく」「ぶた」「たべる」の「ボ」や「ブ」や「ベ」を v で発音してみましょう。意識を向ければ短時間に改善されることに、驚かれるのではないでしょうか。

音声から学ぶ方法論

本章の最後に、英語の音声学習に関するエピソードを紹介しておきたいと思います。鎌田は中学・高校と現在の筑波大学附属駒場で学びました。国立の実験校ですから一九七〇年代の前半としてはめずらしくＬＬ教室があり、オープンリールのテープレコーダーやドーナツ盤レコードを使った授業が行なわれていました。生徒は学校に備え付けの音声教材を借りることもでき、家に持ち帰って復習をしたものです。

本章では音声教材から勉強を始める重要性を説いていますが、図らずも英語学習の最初に音声から入ったのはラッキーでした。後年、吉田から音声を用いる新しい勉強法を知らされ、その内容が酷似《こくじ》していることに驚いたのを覚えています。

もう一つ、中学・高校では実用英語技能検定（英検）を目指して勉強することを勧められました。やってみると、当時としてはめずらしいリスニングやスピーキングのテストが併設されており、ここでも音声関係の学習が必要なことをたたき込まれました。

第1章でも述べたように、英語力は読む・書く・聞く・話すという四項目で構成されます。英検のような資格試験は、それらをバランス良く総合的に高めることを目標としており、初学者がペースメーカーに利用するには好適です。実際、中学三年で英検3級、高校一年で英検2級に合格しましたが、中学校の英語教師の指針がきわめて適切であったことを、今でも幸運と思っています。

さらに大学時代には、ESS（英会話）サークルの友人に誘われて、在日外交官の家を定期的に訪問して生きた会話力を磨いたこともあります。それから三〇年以上もたった現在では、はるかに優れた音声教材がいくらでも簡単に入手できる状況となりました。特に、ネットを用いた学習機会の進展には目を見張るものがあります。英語学習の柱に、音声面の訓練を持ち込む方法は、昔も今も変わらぬポイントではないか、と私たちは考えています。

第3章

本当は「おもしろい」英文法

part

A

学校英文法を学び直す

(1) 英文法という「知的」体系

単語をつなぐルール集

水が欲しいことを相手に伝えたい時は「ウォーター!」と言うだけでもわかってくれるでしょう。また、困った顔をして通行人に「ステーション! ステーション!」と繰り返せば、「駅に行きたいのだな」と理解してくれるかもしれません。

こうした非常に単純なコミュニケーションは、単語を口に出すだけで成立します。しかし、自分の意思をきちんと伝えるためには、言いたいことを適切な文にして表現しなければなりません。そして、文はすべて単語がいくつか集まってできており、文を作る際には「文法」の知識が必要となります。

文法とは、ごく簡単に言うと、単語をどのような順番で並べるかを教えてくれる「ルール集」です。詳細な文法を網羅的に学ぶのは大変ですが、要点を押さえるだけなら数日から数週間で完了します。

あまり細かい規則に惑わされず、単語を並べる大まかなルールさえ頭に入れておけば、英字新聞を読んだり、ネイティブ・スピーカーと会話をしたりすることができるのです。

ここでは、短期間で文法を習得する方法をお伝えしましょう。

「文法不要論」は本当か？

皆さんに文法学習の要点をお伝えする前に、現在の英語教育が抱える問題について少しお話ししましょう。文法指導にどのような問題があって、それを克服するためにはどのような心構えが必要なのか、です。これを知ることは、皆さんが英語の学習を進めるうえで、必ず役に立つのです。

日本の英語教育界では、「文法をいかに、どれだけ指導するか」が積年の大テーマです。どのような外国語を学習する際にも、文法を習得することは必要不可欠です。

ところが「我が国の英語教育は文法に力点を置きすぎだ」と長いあいだ揶揄《やゆ》されてきまし

た。その結果、英語が話せない日本人を生み出してきたのではないか、という議論が終戦直後から始まったのです。

こうした反省のもと、「コミュニケーション力養成」を目指した教科書や指導法が、その後たくさん現われました。このこと自体は歓迎すべきことなのですが、なぜかこの時に文法指導が軽視されてしまったのです。時には「文法は不要だ」と、まるで悪者のように敵視されました。

かつて、英語の時間には、先生が教室で英文法の解説を延々としていました。英語の授業にもかかわらず、先生は日本語をしゃべりながら、生徒はひと言も英語を発しない、という珍妙な光景でした。

こうした授業スタイルが日本人が英語を話せない原因をつくった、という指摘は当たっていなくもありません。しかし、これはそれまでの文法の指導の仕方がまずかっただけなのです。文法そのものに価値がないということでは、決してありません。

実際、大学で第二外国語としてフランス語やドイツ語を学ぶ時には、最初に文法から入ります。英米人がフランス語やドイツ語を最初に学習する時も、まったく同じです。ここで文法をないがしろにしては、その後の学習がきわめて効率の悪いものとなってしまいます。

こうした言語習得の原理を無視して、なぜか日本では、「文法」対「コミュニケーション」という対立が始まってしまいました。本当は、文法の指導法を改善し、コミュニケーション力の養成も図る、というのが目指すべき英語指導だったのです。しかし、いつの間にか言語習得の本質が忘れ去られてしまいました。

どのような学問でも、一つの知識体系を把握しようとする場合に、その分野の「用語」が必要です。英語を学ぶ際にも、英語の成り立ちを示す言葉が不可欠なのです。たとえば、「主語」「動詞」「目的語」という言葉を使わずに、英文を説明するのは、とても非効率的です。

すなわち、最低限の文法用語は、どのような場合にも使ったほうが便利なのです。覚えたことを自分で整理するにも、文法の知識がなければ空中分解してしまいます。一方、基本的な文法を教えてもらうだけで、英文が見事に理解できるようになるのです。

文法のおもしろさに目覚めさせてくれたカリスマ教師

鎌田は高校時代、ある英語教師の授業で文法のおもしろさに開眼しました。その名を伊藤《いとう》和夫《かずお》と言い、日本中の大学受験生のカリスマ的な存在でした。

当時、通っていた筑波大学附属駒場高校はきわめて自由な校風で、高校の授業は大学のゼミと同じ自由講義でした。教科書もろくに使わないので、生徒は自分たちで大学受験のプログラムを組まなければなりません。同級生とあれこれ相談していたら、「駿台《すんだい》予備校の伊藤和夫とかいう英語の先生がいいらしいぞ」という情報が伝わってきました。そこで、放課後や休日にわざわざ駿台まで英語の授業を受けに行ったのです。

教室は超満員で、立って聴講している予備校生もいました。伊藤先生の講義を聴いた最初の日のことは、忘れられません。英語の構文を見事に分解して、なぜそう解釈できるのかを、実に論理的に解説してくれました。鎌田はいっぺんに伊藤先生の説明の虜《とりこ》になり、先生の「追っかけ」を開始したのです。

受験を何とか乗り切って大学に入学してからも、伊藤先生の著作はすべて買い込んで英語の勉強をしました。東大文学部西洋哲学科を卒業した先生は、終戦後のひどい就職難のため、予備校で英語を教えるようになったそうです。

三〇年以上たっても、伊藤先生から教わった内容はまったく色あせていません。これについては、現役の英語講師である吉田もまったく同意見です。

本書では、「受験英語の神様」とも呼ばれた伊藤先生の考え方にもとづいて、二十一世紀の英語学習法を提示してみたいと思います。

明治以来の英語教育を凝縮した「英文法」という体系

文法とは、長い年月をかけて多くの人々が言語のルールをまとめあげたものです。言わば言語のエッセンスを凝縮したものですから、初学者にとって役に立たないわけがありません。

しかも、文法は無味乾燥な公式の集まりではありません。そこには伊藤先生の言う「文法という知的な体系が持つおもしろさ」が存在するのです。

英文を読む際に、伊藤先生は文法知識を最大限に活用することを勧めました。すなわち、徹底的に理詰めで考える手法を提示したのです。

この考え方は受験英語界のスタンダードとなっただけでなく、明治以来の日本の英語教育の良い点が凝縮されたメソッドとして体系化されました。たとえば、英文法に関して伊藤和夫著『英文法教室』（研究社）があり、また英語の正しい学び方を知るために『伊藤和夫の英語学習法』（駿台文庫）があります。

伊藤先生の著作には英語に関する本質的な考え方だけでなく、実践例がたくさん載せられています。具体的には、数多くの入試問題を解きながら、実際の英語力がつく仕組みになっているのです。

文法を基本とする外国語習得の方法論には、日本人が外国語を学ぶ際の原理が網羅されている、と私たちは考えています。皆さんもぜひ、外国語の文法体系を習得する醍醐味《だいごみ》を知っていただきたいと思います。

(2) 文法批判を越えて

コミュニケーション能力の土台となる文法

私たちは「コミュニケーション重視」の発想に反対するわけではありません。むしろ、英語を学習する目的は、良好なコミュニケーションの基礎を築くことにあると考えています。

そうではなく、コミュニケーション重視か文法重視か、という二項対立の図式を作ってきたことに、反対しているのです。こうした浅はかな議論をしては、何も先に進みません。

この点では、実際に社会に出て現場で英語を使っているビジネスパーソンは、本質がわかっています。すなわち、国際社会で通用するコミュニケーション能力を身につけるには、文法という土台が大事なことを強く認識しているのです。

また別の視点から、これまでの文法指導に異《い》を唱える人たちがいます。文法が大切なのはわかっているが、教えている内容がいささか間違っていたというのです。

書店の英語関連本のコーナーへ行くと、「日本で教えている英文法は間違いだらけ」と言う本が並んでいます。「ネイティブはこんな言い方をしない」とか、「学校文法を忘れよ」などの論調の書籍がたくさんあるのです。

皆さんの中には、かつて苦労させられた文法が批判されているのを見ると、痛快な気分になる方がいるかもしれません。「やっぱりそうだったのか。おかしいと思っていた」と、思わず膝《ひざ》をたたいた経験のある方もおられるでしょう。

"look forward to doing"の重要性は？

実際、現在行なわれている英文法の指導内容には、まだ改善の余地があります。古めかしい文法用語や不自然な英語が紛《まぎ》れ込んでいたりするからです。また、例外的な規則を強調しすぎて、本質を見失わせてしまっている場合も多々あります。

一例を挙げましょう。不定詞・動名詞という文法の単元を学ぶと、

look forward to doing　（～するのを楽しみにする）

という熟語が出てきます。to の後ろには通常、動詞の原形が続きますが、このように ing 形が続く「例外」として、英語教師は力説してきました。

本当は、to の後ろに ing 形の動詞が続くのはごく一部なのです。ところが、先生たちは「必ず気を配るように」と指示を与え、生徒たちは覚えさせられます。

さらに、こうした例外的な表現を練習問題にして、「ひっかけ問題に気をつけなさい」と指導することが「文法指導」としてまかり通っています。そして練習問題を五題用意すると、一題はこの look forward to doing を出すのです。

ここでひっかかった生徒は、文法を「理屈の通らない面倒なもの」と感じるでしょう。こうして、本当は語学習得のうえでとても大切な文法が、多くの若者たちに憎まれ、疎《うと》んじられる結果を生み出してきました。

このことに、私たちは大きな憤《いきどお》りを感じざるを得ないのです。こうして日本人に文法嫌いが増えていった経緯は、近年プロフェッショナルの英語学者たちが次々と暴露しています。

現行の文法体系から取捨選択

文法に対するイメージが悪かったのは、今までの英語教育に問題があったからです。巷《ちまた》に流布している文法批判書は、こうした点を取り上げ、問題提起しています。

しかし、ここで本質がすっぽりと抜け落ちてしまっているのです。文法がいいかげんだったり、役に立たないわけでは決してないことは、ぜひ確認していただきたいと思います。

かつて、デンマークの言語学者イェスペルセンが、英文法の見事な体系を打ち立てました。たとえば、『文法の原理』（上中下、岩波文庫）という名著があり、英語教育に関しても示唆に富む記述があります。

また、思想家・エッセイストとして活躍した林語堂《りんごどう》には、『開明英文文法』（文建書房）という優れた英文法の本があります。現在では、安藤貞雄《あんどうさだお》『現代英文法講義』（開拓社）が英文法書として卓越しています。こうした名著を読むと、文法体系の持つおもしろさを存分に味わうことができます。

さらに、文法批判書の側にも問題がないわけではありません。「こんな言い方はしない」

「ネイティブに通じない」と批判するのは簡単です。しかし、その代替案として提示される新たな体系が、きわめて貧弱なのです。そもそも説得力がないので、文法批判書の提示する方法論が、英語教育界全体に広まりません。

すなわち、現在行なわれている文法指導を根底から覆《くつがえ》すだけの論理性や一貫性、網羅性がないと、机上の空論となってしまうのです。ただ反対しているだけでは、何も生み出しません。結局、これまでの伝統的な文法体系を、うまく取捨選択しながら学習するのが一番ではないか、と私たちは考えています。

文法学習の成否は、学習する文法を取捨選択する「基準」にかかってきます。すなわち、必要な事項と必要でない事項の取捨選択を行ない、いかに効率的に文法の本質を理解するか、が大事なのです。ちなみに、これは英語教育のプロフェッショナルしかできないことなので、一般の学習者の場合には優れた英語教師の書いた本で勉強するのが王道となります。

たとえば、鎌田は伊藤和夫という希代のプロフェッショナルと出会って、英文法の基礎をみっちりと学ぶことができました。彼の残した『英文法のナビゲーター』（研究社出版）や『英文法問題集』（駿台文庫）を、今でも時々繙《ひもと》いては学んでいます。また、吉田は、いずれ伊藤先生のような参考書が刊行できるように、日々精進しているのです。

本書でも、この取捨選択の「基準」を示しますので、皆さんの英語力の「核」となる文法をしっかりと身につけていただきたいと思います。

文法学習を楽しむ

文法学習は、スポーツにたとえると「筋トレ」に当たります。基礎練習はつまらなく感じるかもしれないし、反復練習はしんどいものです。しかし、ここを疎《おろそ》かにすると、後にやってくるはずの楽しみを味わうことはできないのです。

実際には文法によって「知る喜び」は十分に得られます。伊藤先生が教えてくれたのは、「知的な体系」そのものを知る喜びと、それを使いこなす爽快感でした。

どのような勉強でもモチベーションを上げる工夫は大切です。社会人の皆さんが忙しい中で学習を継続するには、達成感や楽しさが何よりも肝心なのです。これについては第7章で改めて解説しましょう。

part

B

英文法再入門

(1) 参考書と問題集を活用する

大人の再学習にも最適な受験教材

では、実際に何を使い、どうやってどこまで学習すればよいのでしょうか。本節では具体的なやり方についてお話ししましょう。これまで述べたように、現行の文法指導には問題点があるものの、英文法を再学習する際には、オーソドックスな方法で学び直すことをお勧めします。

最初に、大学受験用の文法参考書と文法問題集を、それぞれ一冊ずつ手に入れましょう。文法参考書とは英文法を網羅的に解説しているもので、たいてい少量の練習問題も載っています。

なお、「参考書」は、最初から順に読んでいくものではありません。重要な単元を学習する時と、わからない単元を調べる時だけに使います。また、「問題集」は、重要単元の学習後に定着度を測るために使用するものです。

受験用の参考書や問題集と聞くと、それだけで気が重くなる方もおられるかもしれません。しかし、短期間で確実な文法力を身につけるには、最適の教材なのです。

受験界のプロフェッショナルが心血を注いで作った本は、使ってみると非常に良くできています。読み方の工夫をすれば、きわめて効率的に学習を進められるのです。

文法参考書の選択

手始めに、書店の英語学習書の棚の前に立ってみてください。一般向けの学習書ではなく、大学受験生向けの英語コーナーがよいでしょう。「懐かしいな」「苦労させられたな」と感慨にふけりながら、ちょっと時間をかけて眺めてみましょう。

参考書や問題集のベストセラーは息が長く、案外皆さんが高校生の時に使ったものが売れているかもしれません。もし、そうした「懐かしの一冊」があれば、ぜひそれを購入してください。

最近は、かつての受験参考書の名著が復刊されている例もあります。たとえば、山崎貞《やまざきてい》・毛利可信《もうりよしのぶ》著『新自修英文典』（研究社出版）は鎌田が中学生の頃から使っていました（第8章255ページを参照）。

これとは反対に、懐かしさよりも嫌悪感がよみがえってくる方もおられるかもしれません。それもまったくOKです。こうした場合には、逆に最近出版された参考書を数冊手にとって、パラパラとページをめくってみてください。

以前のものと比べると、最近の参考書や問題集は、圧倒的にカラフルで読みやすくなっていることに気づくでしょう。また、解説もシンプルで、基本事項に多くのページを割いています。つまり、文法への抵抗感を少なくするさまざまな工夫がなされているのです。特に、『フォレスト（Ｆｏｒｅｓｔ）』（桐原書店）の章立てと記述がよくできているので、第一にお薦めします。

「どこをやらないか」を決めるのが重要

参考書が決まったら、どの「単元」から学習するかを考えてみましょう。文法学習では、どの単元を重点的に学習するかの取捨選択が大切です。参考書に出ているすべての単元を学習する必要はありません。実は、どの参考書を用いるかよりも、どこをやらないかを決めることがとても重要なのです。
最初に、英語を「読む力」をつけることを念頭において戦略を立てます。以下の八つの文法単元（初級編四つ、上級編四つ）を優先して学習するとよいでしょう。

初級編
・文型（特に第4文型と第5文型）
・完了形
・接続詞
・句と節（参考書によっては、章立てされていない場合もあります）

上級編
・強調／倒置（挿入／省略などと一緒になっている参考書もあります）
・否定
・仮定法

「高《たか》をくくる法」のすすめ

ここで「知らない用語ばかりだ」とか「もう忘れてしまった言葉」と尻込みする必要はまったくありません。いずれもちょっと説明すれば、すぐに理解できるものばかりです。実際、「なんだそんなことか」「すでに知っていた」という内容を、まことしやかに「強調／倒置」などとタイトルを付けているだけなのです。

一方、経済学の本でも哲学書でも、はたまた科学書でも、まったく同じ構造がここにあります。書いてある内容は大してむずかしくはないのですが、最初に「専門用語」を振り回して、初学者をオドカスのです。これは自分に学問上の自信がない学者がよくやる手です。「大した話じゃない」と高をくくって読み始めれば、本当に大したことがないことを、まもなく実感するでしょう。たかが大学受験の参考書に書いてある程度のこと、なのです。

難解そうな書籍に最初に接する時に、鎌田は「高《たか》をくくる法」を学生たちに推奨していま す。「どうせ人の考えたことだから、高が知れている」と最初に思ってみるのです。

というのは、地球科学者の鎌田は、東日本大震災など自然界が起こすことは「高をくくる」ことはできない、と日ごろ思っているからです。深遠な大自然の迫力に比べると、どのような哲学や思想も「どれも大したことがない」と思っているのです（大声では言いませんが）。英文法も人間がこしらえた言語のルールですから、「大したことがない」部類に入ってしまいます。

さて、文法学習の単元に話を戻しましょう。先のリストには、皆さんが真っ先に思い浮かべそうな「不定詞」「動名詞」が入っていません。その他にも、「比較」などといったお馴染《なじ》みの単元は挙げていません。

これらの基本単元は、実際に英語を読んでいてわからなくなった時に調べればよいのです。英文の読解で疑問を感じた場合に、該当箇所を読むという辞書的な使い方で、まったくかまわないでしょう。

そうした項目よりも、日本人が苦手とし、英文を読む際に「盲点」となる単元を先に学んでください。先に挙げた初級編四つ、上級編四つの計八単元をしっかり身につければ、「英語が読めるようになった」という感覚が早く訪れるでしょう。

文法参考書の使い方――全部を読む必要はない

こうして学ぶべき単元を絞ったら、具体的に学んでいくのですが、参考書の記述を初めから終わりまで通読する必要はありません。

まず、各章で概要を説明している部分を読みます。そして内容を理解するとともに、例として挙げてある英文にもざっと目を通しましょう。

どの参考書にも、たいてい二〜三ページごとに数問の簡単なチェック問題がついています。まずは、いきなりこの問題に取り組んでください。そこで正解すれば、その単元の解説は、軽く読み通すだけで結構です。

たとえば、桐原書店『フォレスト』であれば、文法単元ごとに章が立てられていて、各章がＰａｒｔ１からＰａｒｔ３に分かれています。イラストをふんだんに使って説明しているＰａｒｔ１（二〜三ページほど）を最初に読みます。その後に、Ｐａｒｔ２のチェック問題（各章に一〇問ほど）に取り組んでみてください。

チェック問題は、簡単な穴埋めや数語の並べ替えが中心です。特にストレスを感じることなく、スイスイ解き進めることができます。もし、チェック問題にうまく解答できなければ、そこで初めて解説をじっくり読んでみましょう。

この時、「なるほど！」と思ったページには、付箋《ふせん》を貼っておくとよいでしょう。こうしておくと、後で「あの説明どこだったかな？」と索引をひいたり、目次から検索をしたりする手間が省けます。

たとえば、付箋に「仮定法のまとめ」などと箇条書きして貼っておくのです。こうしておくだけで、後で疑問が生じた時にもパッとひけます。これは、辞書を使う時や、ビジネス書などのハウトゥ本を読む際にも応用することができます。

次に、学習期間についても述べておきましょう。文法参考書は、購入してから一気に学習するとよいのです。

たとえば、一日に一〇分ほど文法を勉強するとして、数日から一〇日前後で八つの単元を終了するつもりで取り組みましょう。通勤や通学の際に参考書をカバンに入れておきます。そして休憩時間やお昼休みの一部を活用するとよいでしょう。これは第2章で紹介した「隙《すき》間《ま》法」のテクニックです（55ページ）。特に、細切《こまぎ》れの知識を頭に入れたり、すでに学習した内容の復習をする場合にこの「隙間法」は非常に有効です。

（2）文法問題集の活用法

問題集の選び方

参考書で文法の「思い出し」を行なった後は、知識の確認と定着を図ります。このためには、文法だけを扱った「問題集」を使います。

ここで用いる問題集は、全体で八〇ページから一五〇ページ程度で、問題が文法単元ごとに分かれているものがお薦めです。たとえば、各単元の問題数が二〇問前後で、基本レベルの問題を多く収録しているものがよいでしょう。

できれば、四択問題など、解答が楽な出題形式で書かれているものが使いやすいと思います。たとえば、左ページが問題、右ページが正答と解説というレイアウトのものも使いやすいでしょう。

もし、使っている文法参考書に対応した別冊の問題集がある場合は、それを選びます。問題の提示順や解説の仕方が、参考書に合わせてあるので、より効果的な学習ができます。

そして別冊問題集の収録問題数が多い場合には、単元ごとに基本レベルの問題を二〇問くらい抜粋して使うようにします。

最近の問題集はどれもよくできていますので、本の大きさやレイアウト、解説のくわしさなどを基準に決めます。書店で実際に手にとり、自分にフィットするものを選んでください。

問題集の使い方――答えは直接書き込もう

参考書と同様に、文法問題集を使った学習でもスピードが勝負です。よって、短期に学習を終えてしまうつもりで臨《のぞ》みましょう。

最初に、参考書で学習した文型・完了形・接続詞・句と節の問題を解きます。その次に、強調／倒置・否定・仮定法・無生物主語の構文に取り組むのです。

前に述べたように、問題集も最初から最後まですべてをこなす必要はありません。残りの単元は、気が向けばやってみる、といった程度で十分です。

もう一つ大事なコツがあります。自分の答えを、問題集に「直接」書き込んでいきましょう。問題集は消耗品なので、書き込みながらどんどん汚して使うものです。問題集専用のノートを作って、そこに解答していく必要はまったくありません。

鎌田はつねづね、「本は文房具」というフレーズで、本に書き込みをしながらカスタマイズする使い方を唱えています（『成功術 時間の戦略』文春新書、108ページ）。ましてや問題集は、どんどん書き込んで使い倒してナンボのものです。気楽に汚しながら、頭にどんどん定着させていただきたいと思います。

・隙間時間を活用する

短期間で一気に仕上げるためには、文法問題集はカバンの中に入れていつも持ち歩きましょう。通勤電車の中や、授業や会議の間にはさまった休み時間や、見たいテレビ番組が始まるまでの五分間など、生活の中にある隙間時間を利用してください。第2章で紹介した「隙間法」のテクニックは、ありとあらゆる場所で活用できるのです。

そのためにも、ここではノートを作らないことを推奨しています。答えは直接問題集に書き込み、合っていた箇所と間違っていた箇所が一目でわかるようにします。こうして何回か読み返していれば、同じ誤りは二度としなくなります。

・実施日を記入する

問題を解く際には、開始ページに「日時」を書いておきます。さらに、どれだけ時間がかかったかを把握できるように、「終了時刻」も書いておきましょう。

自分にとって、どの問題がむずかしくて、どれが簡単かもわかってきます。いつ、どれだけ勉強したかをきちんと記録しておくことは、学習のモチベーションを保つ一助ともなるのです。

・自分の答えは余白に書き込む

穴埋め問題の場合には、空所に直接答えを書き込むのではなく、紙面の上下左右にある余白に、小さな字で解答しましょう。解答を書き込む場所がバラバラになってもかまいません。また、電車に揺られて字が汚くなっても気にしないでください。

なお、空所には、最後に正解を書き込みます。こうすると復習の際に正しい英文をそのまま読むことができます。そして数日後に、もう一度チェックしましょう。実は、文法学習では、この復習がもっとも大切なのです。苦手な単元でも、二度三度と復習を繰り返していくうちに、必ずできるようになります。

・解答に時間のかかる問題は飛ばす

余白に答えを書き込むことができない和訳問題は、思い切って飛ばしましょう。日本語を英語に直す英作文問題も、同様に後まわしです。余白に書き込みにくいという理由に加えて、英作文問題は別解が考えられるため、答え合わせが困難なのです。

そもそも短期間で文法の基本事項を定着させることが目的です。よって、簡単な穴埋め問題や選択問題に絞って解答しましょう。

ここで「完璧主義」になってはいけません。第2章で述べた「不完全法」(57ページ)を思い出して、問題集を最後までやりきることを第一目標にしてください。

・自信のない問題に印をする

ここで、ちょっとしたテクニックをお教えしましょう。

間違えた問題は、その番号に◎印を付けておきます。また、解答するにあたり自信のなかった問題には、△印をつけておきます。こうすると復習する時に、「自信を持って正解した問題」と「たまたま正解した問題」を区別して取り組むことができます。

最初から間違った問題については、正解を導くきちんとした文法上の理屈をおさらいします。また、「たまたま正解した問題」に対しては、理屈が不十分だった点を確認します。このように、自分の知識レベルを常に確認しながら学習を進めるようにします。

・復習する日を設定しておく

文法学習の成否は、後でどれくらい時間をかけて復習できるか、にかかっています。一回終えたままで何もしなかったら、学んだ知識はどんどん忘れていきます。

ここで心理学の知識を使いましょう。問題集を仕上げたことは「短期記憶」として覚え込んだことを意味します。そのあと「長期記憶」に移さないと、時間とともに頭の中から消えてゆきます。この長期記憶として定着させる作業が、時を置かずに行なう「復習」なのです。

あるページの問題を解いたら、答え合わせが終わった段階ですぐに、復習する日を決めてしまいましょう。たとえば、出来が良かったページは、一週間後にもう一度あっさりと復習します。反対に、ボロボロの出来であれば、二日後に全問題を復習するのです。

こうした復習のためのスケジュールを、ただちに設定してください。たとえば、付箋《ふせん》に復習予定日を書いて、そのページに貼っておくと忘れません。問題集を常に携行し、ちょっとした隙間時間に付箋が付いた問題から復習するのです。

「捨て問題集」を使う

問題集を一冊仕上げてしまったら、次のステップに進みます。

まだ文法に不安を抱えていても、細部には拘泥《こうでい》せずにどんどん英文を読み始めるのです。たとえば、電車の中では、リスニング教材を使って、聞き取りの練習を開始します。ここでは、なるべく早く実践的な段階に移ることが肝要です。

まず、読解やリスニングの中で、文章がわからなかった箇所に着目します。たとえば、英文の構造について疑問に感じた点について、文法事項を確かめるのです。参考書の末尾にある「索引」を活用しながら、英文を考えながら読んだり聞いたりする習慣を身につけます。

そして、読解やリスニング中心の学習に移行して一～二カ月後に、改めて文法の総復習をします。ここではすべての項目についておさらいするのですが、この時に活躍するのが「捨て問題集」です。

「捨て問題集」とは、これまで使ってきた愛用の問題集とは別に購入するものです。

書店の受験英語の棚には、薄手の問題集が売られています。背表紙の文字が読めないほど薄い、一冊数百円くらいの文法問題集です。ものによっては短期完成を謳《うた》っており、受験直前の復習用として用いられています。この類《たぐい》の問題集を使って、一気に文法の総復習をしてしまいましょう。

ここで、「捨て問題集」の使い方についてアドバイスをしておきます。一般には、どの分野においても同じ教材を使って繰り返し復習することが大切です。しかし、ここで薦めている「捨て問題集」は、まったく用途が違います。一度使ったらポイ、さっさと捨ててかまいません。一回使いきりの問題集なのです。

まず終了予定日を書き込む

まずは本屋に出向いて、安価な問題集を購入してください。内容は大差ありませんので、どれでもかまいません。強いて言えば、ランダムに文法が出題される総合問題ではなく、文法の単元別に問題が配列されているものを選びましょう。たとえば、日栄社の「書き込み式20日間完成シリーズ」の『英文法（高校初級用）』などがお薦めです。

「捨て問題集」を購入したら、表紙にさっそく「終了予定日」を書きましょう。太字の油性ペンで大きく書いてしまうのです。こうすると自分でもやる気が起きますし、遠くからよく見えるので、忘れることがありません。

そして、購入日から一週間以内に仕上げてしまいます。ここで何カ月ものスケジュールを組んではいけません。最後の総復習ですから、一気に仕上げるのがコツです。

薄い問題集ですから、基本的には全単元の文法問題に取り組みましょう。やってみてまだ間違いが多い場合には、もとの学習に戻ります。よく理解していない文法単元については、もう一度参考書に戻って確認するのです。

ここで焦ってはいけません。不確かな知識は、いくら積み重ねても英語の実力にはなりません。間違いを発見した時に、きちんと手当てしておくのが鉄則です。

これから先の使い方は、最初に述べた文法問題集とまったく同じです。ただし、答えは余白に書かずに、直接解答欄に書き込んでいきます。なぐり書きでもかまいませんから、隙間時間を利用して勢いをつけて終えてしまいましょう。

最後に間違えた箇所の覚え直しをすれば、この問題集は無事に「お役御免」となります。

その後にまた文法の復習をしたくなれば、別の「捨て問題集」を買ってきます。一冊目とまったく同じ要領で、繰り返してください。同じ問題集でもよいのですが、別の新しい問題集だとチャレンジする気持ちが湧《わ》いてきます。

また、二冊目の「捨て問題集」は、一冊目よりも迅速に進みます。こうした達成感を得ることも、英語学習に対するモチベーションを維持するためにはとても大切です。

なお、ある程度文法に自信のある人は、最初から「捨て問題集」を使ってもよいでしょう。たとえば、学生時代の知識がどれくらい残っているか知りたい人、自分の英語力の力試しをしたい人、などです。さらに、「とにかく時間がない」というビジネスパーソンにも、当てはまるかもしれません。

まず本屋に飛び込んで、売っている一番薄い問題集を買ってください。電車の待ち時間に一〇分こなしたら、一〇分なりの実力がつきます。文法学習とは、あまり頑張ろうとせずに、できるところから始めるのが大事なポイントです。

part

C

文法を体にしみこませるコツ

(1) 文法は暗記か? 理屈か?

「暗記→理屈」の順番で

文法を学習する際には、「暗記」という面と、「理屈」という面の二つがあります。すなわち、何でも「暗記」すればよいのではなく、必ず「理屈」とともに覚えるとよいのです。

といって、「理屈」にばかり走り、知識がまったく頭の中に入っていないと、英語は使いこなせません。よって、「暗記」と「理屈」との良いバランスが大切になってきます。

結論から言うと、「文法は暗記した後で理屈をつける」というのが王道です。ある程度「暗記」して頭に蓄えてから、「理屈」で定着させるとよいのです。

こうした頭の動きについて、英文法で必ず出てくる「不定詞」と「動名詞」という単元を使って説明してみましょう。

「不定詞」と「動名詞」の使い分け

英語では動詞がさまざまな形に変化して、非常に重要な働きをします。たとえば、「〜すること」を記述する場合に、「不定詞」を用いて表現する場合と、「動名詞」を用いて表現する場合があります。

不定詞とは、「to に動詞を付けたもの」です。たとえば、「勉強すること」なら不定詞を用いて to study とします。

一方、動名詞とは、「動詞に ing を付けたもの」です。「勉強すること」を動名詞で表わせば、studying となります。

不定詞と動名詞は、それぞれ使われる文脈が決まっています。動詞を二つ使った表現を例にとって考えてみます。「勉強することを約束する」という表現で、study と promise の二つの動詞を使います。この時の動詞のつながり方を見てみましょう。

いま、「勉強することを約束する」を不定詞を用いて書くと、

promise to study

となります。一方で、動名詞を用いて書くと、

promise studying

となります。

形式上は両方とも表記できそうなのですが、実は英文法では promise studying は間違いとされます。「勉強することを約束する」と言うためには、promise to study でなければなりません。

これはアングロサクソン民族が長年かけて決めてしまった規則なので、異議を申し立てても始まらないのです。よって、正しい用法である promise to study と覚えてしまわなければなりません。

さて、「勉強することを約束する」とは形が似ていますが、「勉強することをやめる」の英語表現を考えてみましょう。この場合は、stop to study と stop studying の二つの形が考えられます。

しかし、この場合には、stop to study は英文法で誤りとされます。必ず動名詞を用いて stop studying としなければいけないのです。

ここでも「不条理だ！」と思われるかもしれませんが、言語にはこうした不条理な規則がたくさんあるものです。私たちが使う日本語にも不条理な規則があふれています。すなわち、つべこべ言わずに覚えてしまうが勝ち、なのです。

このように、promise と stop という同じように見える動詞でも、不定詞を続けるのか動名詞を続けるのかが、文法では必ず決まっています。「～することを…する」と表現する場合は、「…する」の部分に入る動詞によって、どちらを選ぶのかを覚えなければならないのです。

よって、こうした動詞に関しては、最初に使い分けの一覧表を丸暗記してしまいます。たとえば、「～したい」は want to do、「～し終える」なら finish doing と、使い方が決まっています。これらが反射的に言えるようになるまで、覚えてしまうのです。

実際には、不定詞か動名詞かが決められた基本表現は、十数個ほどあります。何百何千もあるわけではありません。

しかし、たとえ一〇個でもこのような表現を覚えるのがむずかしい人がいます。私たちの友人でも、暗記が苦手で理系の世界的な研究者になった学者が少なからずいます。ノーベル賞物理学者の益川敏英《ますかわとしひで》教授もそのような方の一人とのことです。

「不定詞」と「動名詞」を理屈で攻める

こういう場合には、下記のように「理屈」で押して理解するとよいでしょう。

もともと不定詞は、「これから～すること」という場面でよく使われる用法です。したがって、「これから～することを希望する」もしくは「これから～することを約束する」という場合には、不定詞を用います。

すなわち、want to do, promise to do のように不定詞で表現するのです。

逆に、動名詞は「(すでに) ～していること」という場面で使われる用法です。よって、「～しているのをやめる」「～しているのを終える」という場合には動名詞を用います。すなわち、stop doing, finish doing のように表現するのです。

この例のように、まず不定詞や動名詞が使われる場面を理屈で理解します。その後で、実際に用いる場面がどうであるかを考えて、そのどちらが合うかによって当てはめます。こうすると、不定詞と動名詞を無理なく、自ら納得して使うことができるのです。

ところで、動名詞は「(すでに)～していること」を表わす場面で使われると述べました。実は、日本語の「～している」は二つの解釈ができます。「現在～している」と進行中の動作を表わす場合と、「すでに～してしまっている」と動作の完了を表わす場合です。

英語の動名詞でもまったく同じく、この二つの文脈で使うことができます。たとえば、「～したことを覚えている」という場合の「～したこと」は「すでに～してしまっていること」という完了の意味合いなので、remember doing と動名詞を使うのです。

全部が理屈で割り切れるわけではない

このように理屈を後づけすると、闇雲《やみくも》に覚えていた事柄が、頭の中で有機的につながります。一見、面倒そうな規則も強く印象づけられるのです。

時には、かつて習ったことが見事に整理され、感動とともに思い出すこともあるでしょう。こうして「文法のおもしろさ」を感じることで、より長く記憶に残すことができるようになります。

もちろん、どの分野にも理屈ではどうしても割り切れない例外的な部分があります。こういう例外は、あまり目くじらを立てずに、さっさと覚えてしまうほうが得策です。

先に述べたように、語学では暗記は避けて通れません。暗記なしで英語に挑戦するというのは、ちょっと非現実的です。したがって、頑張って覚えた後で、理屈によって再整理する、ととらえるとちょうどよいでしょう。

では、その理屈を読者の皆さんがどこで手に入れたらよいかについて、次でくわしく見ていきましょう。

(2) 文法の説明に「正解」はあるか

一般向け文法解説書の使い方

私たちは以前、ビジネスパーソン向け文法解説書を、あまり信頼できないものとして毛嫌いしていた時期がありました。英語学者の著した英文法の教科書こそが正統で、それ以外は邪道だと信じていました。そして英文法に関する本を読む時も、学術書に近いようなものばかり選んでいたのです。

しかし、英語教育界で権威のある方が、「さまざまな人がさまざまな見方で、文法をとらえて説明を試みているものを読むのは楽しい。こうした試みがなされるのは良いことだ」と述べているのを読んで、考えを改めました。

実際に、英語学習本の中には非常に優れたものがあります。学校英文法の枠組みを越えた解説を与える斬新な切り口が、たくさん見られるのです。一見覚えるしかなさそうな文法規則の裏に、精妙な理屈が隠されていることがあります。

これを理解すると、無機質な規則が自分の頭に強烈に印象づけられます。記憶の定着率が飛躍的に向上するのです。思わず「なるほど！」と叫んでしまうものも、少なくありません。

確かに受験用のオーソドックスな参考書にも、見事な解説はあります。しかし、一番感動的な体験を与えてくれるのは、ビジネスパーソン向けの文法解説書なのです。

たとえば、大西泰斗《おおにしひろと》、ポール・マクベイ著『ハートで感じる英文法』（ＮＨＫ出版）は、文法のとらえ方を根本から変えて大ヒットしました。ＮＨＫテレビの英語講座のテキストをまとめたもので、文法をイメージ化し、感覚で理解しようというものです。

よって、受験用の問題集で力をつけた後は、ぜひ一般向けの文法解説書を読んでみてください。大西泰斗著『英文法をこわす』（NHKブックス）もお薦めです。

逆に、こうした本の説明に納得がいかなければ、無理に理解しようとする必要はありません。英文法の解説には決まった型はないのです。「自分には合わなかったな」と思って、放っておきましょう。

英語の参考書にも、人付き合いと同じように相性《あいしょう》があるものです。伊藤和夫先生が残した著作は、そのどれもが私たちの琴線《きんせん》に触れるものでした。しかし、最近の学生に紹介すると、「字が多すぎる」「モノクロでかったるい」などの感想も出ることがあります。

要は、自分に合った本を選ぶことが肝要です。「これから勉強だ」とあまり肩肘《かたひじ》張らずに、趣味のつもりで気楽に読んでみてください。

書き込みで本と対話する

私たちは本を読む時に、よく書き込みをします。印象に残った部分に線を引くだけではなく、コメントを残すのです。疑問に感じた部分にはどんどん「つっこみ」を入れます。

先日、文法解説書を読み返していたら、余白に「なぜ?」とか「本当?」と書いてありました。かなり批判的に読んでいたため、著者が述べている「○○の説には説得力がない」という記述に対して、「説得力がないのはお前だ!」と走り書きまでしてありました。

こうした解説書も、新たな気づきをもたらしてくれます。能動的に書き込みをすることで著者と対話でき、自分が得た知見や疑問点なども明確になるのです。すなわち、以前とは違った角度から文法を見つめ直し、時には感動を与えてくれることもあります。

ここまでくると、英文法は「知的格闘技」の一つとなります。かつて伊藤和夫先生が文学部の学生時代に哲学者スピノザの『エチカ』を専攻した話を聞いたことがありますが、英文法は『エチカ』に勝るとも劣らず知的な世界を見せてくれるのです。

たとえば、鎌田は、高校生の頃から江川泰一郎《えがわたいいちろう》著『英文法解説』(金子書房)を愛読しています。三〇年以上も読み継がれたロングセラーで現在は、改訂三版が出ています。この他にも、解説がくわしく読んでもおもしろい文法解説書として、前述の安藤貞雄著『現代英文法講義』(開拓社)が役に立ちます。高価な本ですが、文法に関する疑問を解消する際にぜひ手元に置いておきたい一冊です。

たかが受験、されど受験

本書には「たかが大学受験の参考書に書いてある程度のこと」と書きましたが（82ページ）、本当は私たちは「たかが大学受験」とは考えていません。「たかが受験」は「されど受験」につながります。日本の大学受験に課された英語のお陰で、日本人の論理的な思考力が鍛えられた、と私たちは信じています。

たとえば、伊藤先生のお陰で英語を論理的に読む訓練をすることができたのです。ここで培《つちか》った能力は、鎌田の火山研究にも、吉田の英語教育法にも活かされています。

近年、江利川春雄《えりかわはるお》教授は『受験英語と日本人』（研究社）の中で、受験英語は日本人の英語学力の形成にとって欠かせない財産であることを力説しています。平泉渉《ひらいずみわたる》・渡部昇一《わたなべしょういち》著『英語教育大論争』（文春文庫）もそうした文脈で書かれた本です。

また、受験英語とは少し主題がずれますが、「文法的に正確なわかりやすい話し方」こそが「日本人の英語」のあり方であり、最近はその良さが失われつつある、と主張している識者が少なからずいます。その一例として、マーシャ・クラッカワー著『日本人の英語力』（小学館101新書）も一読に値する良書です。すなわち、受験英語は決してバカにできるようなものではないのです。

（3）文法の「無意識化」を目指す

文法は自転車の乗り方と同じ

ここまで文法の学習法を述べてきましたが、しっかりと勉強した後に、もう一つ必要な作業があります。それは、文法の「無意識化」です。

人間には意識と無意識があります。普段英語を勉強したり人と話したりする時には、「意識」を使って行動します。しかし、人間は同時に、「無意識」を働かせてさまざまな「知的活動」を行なっているのです。

たとえば、自転車に乗ることを考えてみましょう。自転車に乗っている時に、足や手の運びのすべてを「意識」している人はいません。最初は「意識」しながらよろよろと乗り始めますが、慣れてくると手や足がひとりでにバランスを取り、スムーズに乗りこなすことができます。この時に人は「無意識」を働かせて自転車を運転しているのです。

逆に言えば、「意識」を働かせているうちは、上手に乗ることはできません。「無意識」に任せるようになって初めて、乗りこなせるようになるのです。こうした「無意識」の働きは、二十世紀になってフロイトやユングなどの心理学者によって発見されました。

それと同じく、英語が得意な人は、文法を意識せずに英文を読んでいます。最初は何ごとも意識的に学習するのですが、ある程度進んだら無意識の領域で英語を使う姿勢へバトンタッチすると良いのです。英語ができる人は、「私は文法を気にせず話しています」とよく言います。無意識の領域で英語を使いこなせるようになると、こうした感じになるのです。

・文法を意識せずに英語を読む人

「文法を意識したことがない」と言う人の中にも、いくつかのタイプがあります。実は、「文法を意識せずに読む」行為にも、「悪い読み方」と「良い読み方」があるのです。

悪い読み方は、「文法を意識せずいいかげんに読んでしまう」状態です。反対に、良い読み方とは、「文法を意識せずに正確に読める」という状態です。

ここで、文法を意識しない人を、三つのタイプに分けて説明してみましょう。

・文法を意識しない人：タイプ1

きれいな発音で英語をペラペラとしゃべっている人がいます。私たちもウットリ聞き惚《ほ》れてしまうのですが、よく聞いてみるとメチャクチャな英語である場合があります。動詞の活用が違っている、前置詞が抜けている、など文法がでたらめなのです。ひどいブロークンイングリッシュを堂々としゃべっているタイプです。

こうした人は、英文を読んでも、わかった気にはなっていますが、とんでもない誤解をしています。英作文の場合には、英文を意識せずに適当に書いてしまうタイプです。もし契約書を書かせたら、後でたいへんな騒ぎになることは必定《ひつじょう》です。日常会話レベルでは困らないかもしれませんが、ビジネスでは完全に失格です。

・文法を意識しない人：タイプ2

次のタイプは、もともと言語センスに秀《ひい》でており、大した苦労をせずに外国語が「できて」しまう人です。本人が言うには「何となく」わかってしまうそうで、問いただしてみると間違いがほとんどない。

京大生の中にもいますが、文法や読解法を説明すると、「なんでそんなことまで説明するんですか。英文を見たら自然にわかるじゃないですか」と言います。自分に馴染《なじ》みのない分野の英文を読むと、時には誤読もしますが、基本的には正確な読みができます。

斎藤兆史《さいとうよしふみ》著『英語達人列伝』（中公新書）には、明治期に活躍した日本人のこうした例が鮮《あざ》やかに描かれています。新渡戸稲造《にとべいなぞう》（教育者）、岡倉天心《おかくらてんしん》（美学者）、鈴木大拙《すずきだいせつ》（仏教学者）など、苦労せずに英語ができる人は昔からいるのです。見ていてうらやましい限りですが、これはきっと生まれ持った才能だとも思います。

・文法を意識しない人：タイプ3

最後のタイプは、英文法をきちんと習得した結果、英語がきちんと読めるようになった人です。

英文法を学んだのはずっと昔のことなので、今は「文法を意識せず読める」と思っているのです。ちょうど子どもの頃に自転車の乗り方を教わったのだが、大人になった現在はすっかり教わった事実を忘れているようなものです。

このタイプは、自分の頭の中にある英文法が長年うまく機能している人です。英文法の知識としては自覚していないが、活用しながら英語を使っています。すなわち、「無意識」的に英文法を使っている状態で、皆さんに目指していただきたいのはこの状態なのです。

ここで少し整理してみましょう。タイプ１は「できると勘違いしている人」、タイプ２は「最初からやらずにできる人」、タイプ３は「きちんとやったからできる人」、となります。

無意識化への道

タイプ１やタイプ２の人たちが、英語の勉強法についてアドバイスをくれることがあります。いずれも「できる（と勘違いしている）人たち」なので、自信（過信）があるからです。

残念ながら、彼らは両方とも文法学習の大切さを理解していません。文法の位置づけがよくわからないまま、「英文はとにかくたくさん読めばよい」とか「大量に聞き流せばできるようになる」といった類《たぐい》の助言をします。

これは一面では真理なのですが、そうした行動をする前に英文法をきちんと学んでおかないと、まったく効果が出ません。

ちなみに、「たくさん読む」とは洋書の数十冊分、また「大量に聞く」とは音声教材にして数百時間分をこなして、初めて意味があるものです。

ここまでお読みになった皆さんは、文法の重要性をよく理解されたことと思います。すなわち、「文法なんか意識しなくても英語はできるようになる」のが完全な「幻想」もしくは妄想であることに気づいていただけたはずです。

最終的には、文法を「意識」せずに英語を使いこなせること、が目標となります。こうした文法の「無意識」化を達成するには、きちんとしたプロセスを経《へ》なければなりません。最初は文法を強く「意識」しながら英語を使う段階をたどる、というのがもっとも早道なのです。くわしくは鎌田浩毅著『成功術 時間の戦略』（文春新書、143ページ）の第7章「無意識活用法」を参考にしてください。

まとめると、

「文法を強く意識しながら読む」

↓

「文法をさらっと確認しながら読む」

↓

「文法を意識せずに読む」（文法の無意識化）

という順に英文の読みを進化させていくとベストです。

次章では、文法をまず「意識」しながら英文をきちんと読む方法を提示しましょう。

第4章　英文を読む

――「多読」と「精読」の訓練法

part

A

精密読解のすすめ

(1) 多読の技法

文法の次は、英文を読む訓練をどのように行なうかについてお話しします。英文を読む訓練には、読む量に重点を置いた「多読」と、読み方の質に重点を置いた「精読」の二つの方法があります。精読とは、一語一語をていねいに、言い換えれば、精密に読むことです。英語を読む力を向上させるには、この多読と精読をうまく組み合わせた訓練が必要です。

英語の達人・漱石《そうせき》も説いた多読の効用

英語ができるようになるためには、なるべくたくさんの英語に触れることが大切です。書店にも英語上達の秘訣として、多読を勧める学習本がたくさん並んでいます。多読は、「読むスピードが上がる」「英語を英語のまま理解できるようになる」といった効果が期待できる訓練法です。

特に日本では、中学・高校の六年間で目にする英文量が絶対的に不足していますので、自分で多読訓練を行なうのは、効果的というよりもむしろ必須だと思います。

英語教師の経験もある「英語の達人」夏目《なつめ》漱石も、多読の効用を説いています。川島幸希《かわしまこうき》著『英語教師　夏目漱石』（新潮選書）は、夏目漱石の英語力や英語教育論を知るための好著です。

これを読むと、英語の早期教育を受けたわけでもなく、むしろ英語嫌いだった夏目漱石が、一六歳で入学した予備校で多読を心がけ、英語力を伸ばした様子がよくわかります。

漱石は後になってから、「英語を修むる青年は、ある程度まで修めたら辞書を引かないで無茶苦茶に英書を沢山《たくさん》読むがよい」（『現代読書法』、一九〇六年）と述べています。

さらに、多読学習に関しては古川昭夫《ふるかわあきお》著『英語多読法』（小学館１０１新書）がわかりやすく理論と実践を解説しています。たとえば、「多読の三原則」とは、

一、辞書を引かずに楽しめるものを読む

二、わかるところをつなげて読む
三、自分がおもしろいと思う本を選んで読む

です。

多読に対して「わからない箇所を飛ばし読みしていたら英語力はつかない」という批判があります。確かにその通りで、わからない箇所を次々に無視して読んでいたのでは内容もわからず、また長続きしないでしょう。

したがって、多読で力をつけるには、「自分の英語力で読める本を選ぶ」必要があります。すなわち、多読の成否は、ひとえに英書の選び方にあるのです。「わからない語があっても辞書をひかず飛ばして読む」ではなく、「わからない語があまり出てこない本を選び、たくさん読む」というのが多読のコツです。

なお、古川昭夫氏は学習塾「ＳＥＧ」の代表で、英語教育に関する実績を長年蓄積してきました。この本はこうした経験をもとに編まれたもので、ＳＥＧ（科学的教育グループ、Scientific Education Group）の由来どおり、中学・高校生を対象とした少数グループ形式の「科学的教育」を実践しています。

実は、古川代表は鎌田と中学・高校・大学と同じ学校を歩んだ同級生で、東大理学部数学科の卒業生です。彼は中学生の頃から日本語はもとより英語の小説や評論まで広範囲にわたって大量の読書をしていましたが、そのメリットと具体的な方法論を、誰でも使えるメソッドとして開発したのが、英語多読法なのです。

多読用の具体的な英書の選び方と、入門期の推薦図書に関しては、『英語多読法』で確認していただきたいと思います。多読と対《つい》をなすもう一つの読み方である「精読」について、次にお話ししましょう。

多読を有効にするための原則

たくさんの英語に触れる多読は、語学を上達させるうえで欠かせない訓練ですが、多読をさらに有効にするためには、「英語の正確な読み方」を身につけておく必要があります。

スポーツにたとえると、多読は練習試合のようなものです。テニスの入門者がいきなり練習試合をするのは、その楽しさを味わうには悪くない方法ですが、それを繰り返すだけでは基本的なフォームが身につきません。

練習試合に臨む前に、一定期間しっかりと基礎訓練に取り組むほうが、後のプレイをより上手にできます。

英語学習も同様で、多読を開始する前にしっかりと基礎的な練習を積む必要があるのです。実は、ここに問題点があります。文法や単語と違って、英文読解の基礎訓練をみっちりと受けてきた人は、意外に少ないのではないでしょうか。

「多読の開始前に英文読解の基礎訓練」というと大変そうですが、実際にはきわめてシンプルです。英文を読む基本姿勢は「感覚で読まない」という一言に尽きるのです。英単語を日本語に直し、それを適当につなぎ合わせて「こんな感じかな」という安易な読みはしない、ということです。

「感覚読み」ではなく「論理的な読み方」を

例を一つ挙げてみましょう。

中学英語で出てくる文型の代表例に、

He called the girl a taxi.

(彼はその女の子にタクシーを呼んでやった)

という英文があります。call の後ろに名詞が二つ並ぶと「(人) に (もの) を呼ぶ」という意味になります。この時、英語があまり得意でない人は、さまざまな珍解釈をします。たとえば、

「その女の子とタクシーを呼んだ」や、
「その女の子をタクシーに呼びこんだ」から、
「その女の子が運転するタクシーを呼んだ」

などというものまであります。

もちろん、どの解釈も間違っています。

単語が並ぶ順番には規則があり、call の後ろに (人) (もの) と続くと、「(人) に (もの) を呼ぶ」という解釈をする、というルールがあります。これを知ったうえで英文を読まなければ、まったく見当違いの解釈をしてしまいます。

もし、call the girl であれば、「その女の子を呼ぶ」、という意味です。

しかし、call the girl a taxi となると、「その女の子にタクシーを呼ぶ」という意味になるのです。

実は、世の中には各単語を一つずつ日本語に直し、それを適当につなぎ合わせて「解釈」をしてしまう人がいます。こうした読み方を私たちは、「感覚読み」と呼んでいるのですが、これはまったく間違った読解法です。英語は、感覚ではなく、いつでも英文の決まりにしたがって読まなければならないからです。

英文を読む際には、こうした「感覚読み」をやめ、文法や単語の知識を活用して論理的に読む姿勢を、最初に身につけなければならないのです。

(2) 精読の技法——意味・意義・つながり

すべての単語を読んでいますか?

感覚に頼らない読み方、逆に言うと「論理的な読み方」をするにはどうしたらよいのでしようか。論理的な読み方を実践する秘訣は、「すべての単語を無視せずに読む」ということです。

そんなの当たり前じゃないか、と思う人もいるでしょう。しかし、その当たり前が、実際にはなかなかむずかしいものなのです。

英文に含まれるすべての単語には、「意味」と「意義」と「つながり」があります。これまで英文を読む時に、代名詞（it）や冠詞（a や the）や前置詞（in や to など）を、すべてきちんと解釈してきたでしょうか。あまり気にせず、なんとなく読み飛ばしていませんでしたか。

ところが、英文では単語がそこに存在する以上、すべての単語に必ず存在意義があるのです。

言い換えれば、英文中に不要な語は一つもありません。すべての単語が意味を有し、さらに前後との「つながり」を持っているのです。

したがって、どんなに面倒くさくても一語一語の意味とつながりを考えながら読まなければなりません。また、時には辞書や文法書で調べながら読む訓練も必要です。

たとえば、この it は何を指して「それ」といっているのか？　ここの冠詞はなぜ a（ある一つの）ではなくて、the（その）なのか？　こうした疑問を持ちながら、ていねいに読んで一つ一つに解答を与えてゆく癖をつけるのです。

最初のうちは、ほんの数行を読むのに数十分もかかるかもしれません。しかし、英文解釈の基礎訓練には必要な作業ですから、粘り強く時間をかけて読むようにしましょう。

先に紹介した漱石は、『坊っちゃん』の舞台となった松山で実際に英語を教えていたことがあります。彼は多読を勧める一方で、構文と文法を細かに説明し、一時間に三、四行しか進まないこともあったようです。

漱石はまた、佐賀県の中学生に向けて英語学習に関する講演を行なっています。ここでは、「諸君は一字一字を忽《ゆるが》せにせす、読易《よみやす》き本を熟読」せよと説いています（『英語教師　夏目漱石』新潮選書、107ページ）。

ただ、言語を相手にしているのですから、どうしても理屈では割り切れない部分も出てくるでしょう。すべての単語を理解しながら読むという方針と一見矛盾するようですが、ていねいに読んでもわからなければ、その部分を棚《たな》上げして次に進むことも大切です。

もう少し訓練を積んだ後で読み返してみると、案外簡単に理解できる、ということがよくあるからです。

精読から（再び）感覚読みへ

こうした読み方は訓練ですから、最終的には無意識のうちに正しく解釈できるようになるでしょう。最初に「感覚読みをしてはいけない」と述べましたが、英文を無意識のうちに正確に解釈できるようになると、良い意味で「感覚で読んでいる」と感じられるかもしれません。

たとえば、a や the や it をいちいち点検しなくても、「感覚的に」わかるようになります。すなわち、これが第3章で述べた「文法を意識せずに」正確に読めるようになった、という状態です（112ページ参照）。

むしろ、いつまでも一語一語を吟味しながら読んでいては、自然なスピードで読むことはできません。最終的には、このように「感覚で読んでいる」と実感できるようになるのは、とても良いことです。

そういう意味で、この感覚はスポーツと似ています。必要な動作を一つ一つ意識的に訓練し習得した後に、それらの動作を「条件反射」的に行なえるようになります。上達すると、手の動かし方や足の運び方をいちいち意識はしなくなります。同様に、英語を読む時も、文法を無意識的に使いこなせるようになることを目標にしていただきたいと思います。

（3）辞書がひける人は英語ができる人

辞書は「意味」を調べるものではない

英文をていねいに読む際の秘訣は、辞書を徹底的に活用することです。辞書をひく作業は、知らない単語の意味を探し出すだけではないのです。

しかし、難関大学の受験生でも、辞書を効果的に活用できる生徒はむしろ少数です。たいていは見出し語の隣りに記載されている訳語を眺めるだけで終わっています。これは英語が得意でない京大生もみなそうなのです。

辞書を効果的に使うには、あるコツがあります。まず、辞書は「意味」を調べるのではなく、「用法」を調べるものだ、と認識してください。

特に、動詞は使われ方（語法といいます）によって意味がさまざまに変化します。したがって、文中での用法と辞書の記述を照らし合わせながら調べないと、意味不明な解釈になりかねません。

日本語の意味を判断するメカニズム

最初に日本語で考えてみましょう。たとえば、「駅へ走る」という時の「走る」は、「足を交互に素早く動かして前進する」ことです。一方、「非行に走る」という表現では、「走る」は「ある性質を帯びる」という意味になります。私たち日本人は、「走る」の持つ二つの意味を瞬時に判断して、無意識的に使い分けているのです。

そもそも、「走る」という言葉は複数の意味を持っている、ということすら普段は意識していません。ためしに、友人に「走るという言葉にはどんな意味がある？」と質問してみてください。大半の人は返答に窮《きゅう》するでしょう。

「～へ走る」と「～に走る」では、意味が異なる場合があります。これと同様に、英語の動詞も、どのような前置詞（「へ」や「に」に相当する語）と結びつくかで、意味が違ってくるのです。

こうしたことを確認しないと、闇雲《やみくも》に辞書で調べても意味が確定しません。一般に、辞書では一つの単語に対して複数の意味が記載されています。具体的には、動詞の後ろに続く語によって、まったく異なる意味が生まれます。

たとえば、『ジーニアス英和辞典』（大修館書店）、『ウィズダム英和辞典』（三省堂）、『新英和中辞典』（研究社）、『プログレッシブ英和中辞典』（小学館）などの学生向けの辞書は、そうした語法をくわしく記述してくれているので重宝します。また、『Eゲイト英和辞典』（ベネッセコーポレーション）は、基本語が持つイメージをわかりやすく図解しているため、眺めても楽しい辞典です。

なお、鎌田は高校生の頃から『カレッジクラウン英和辞典』（三省堂）を愛用していましたが、見事な語法の解説がふんだんに盛り込まれていることで有名でした（残念ながら絶版です）。自分が持っている中型辞書の表記法に慣れ、用法に関する必要な情報を引き出せるようにしておきましょう。

見慣れた単語こそ調べる

次の英文を見てください。

The man made for the exit.

皆さんは、どの語を辞書で調べますか？

man も made（make の過去形）も簡単な単語ですから、exit（出口）を確認するかしないか程度で、その他の語は特に調べる必要性を感じないかもしれません。しかし、本当に調べないといけないのは make なのです。

実はこの文は「その男性は出口へと向かった」という意味です。man は「男」、made は「作る」などとやって安心してしまうと、for を無視して何となく「出口を作った」などと訳してしまいかねません。

基本的な make という語がここでは make for ～という形で使われ、「～に向かう」という意味を表わしています。動詞は前置詞との組み合わせで、（日本人には）思いもよらないまったく別の意味を持ちます。

辞書には、make が for とともに用いられると「作る」ではなく「向かう」という意味になる、という記述が必ずあります。この説明を見つけ出して初めて、「その男性は出口に向かった」という解釈が可能になるのです。

自分の知っている語であっても、いえ、知っている語だからこそ、用法や意味を確認しなければなりません。「自分の知っている『語』だけれども、知らない『用法』かもしれないから辞書で確認しよう」と思えることが大切なのです。

電子辞書を購入する

少しでも気になれば辞書をひく、という作業を続けるためには電子辞書が最適です。最近では小型で非常に高性能、しかも安価な電子辞書がたくさん出ていますから、英文を読む際には、常に手元に置いておきましょう。さまざまなメーカーから発売されていますが、その多くに『ジーニアス英和辞典』(大修館書店)が収録されています。

また、スマートフォンで使用できる有料・無料の英和辞書アプリもたくさんあります。ただし、スマートフォン用の無料辞書では、語法等の記述が不足しているので、アプリ版『ジーニアス英和(第四版)・和英(第三版)辞典』などの有料版を併用することをお勧めします。なお、『ジーニアス英和辞典MX』というお手頃な簡易版も販売されています。

お気に入りの電子辞書や辞書アプリを使って、最初は「とにかく何でも調べる」という姿勢を維持してください。一番大事なことは、まず使ってみることです。その中でさまざまな発見をし、時にはその発見に感動すら覚え、少しずつ読解力と語彙《ごい》力が増強されていくでしょう。

part B

五つのステップで英文を読む

(1) 英文の構造を把握する

記号という「補助輪」

辞書を丹念にひき、ていねいに英文を読むだけでも読解力は大幅に向上します。しかし、文構造が複雑になると、それだけでは太刀打《たちう》ちできない場合があります。

そうした際に必要なのが、英文構造を正確に把握し、それを日本語として理解するというステップです。本書では、そのステップを五つに分けて紹介します。

最初に、鉛筆で英文に記号をつけながら読む技術を身につけます。

「英文に記号をつける」というのは、文の下にSやVといったアルファベットを書き込んだり（Sは主語、Vは動詞を表わします）、カッコをつけたりする作業をいいます。

学生の頃に、こうした記号つけをした方もいるかもしれません。もちろん、ネイティブ・スピーカーは記号をつけながら英文を読んだりしませんが、記号をつけると文の「構造」がよくわかるようになります。これは英文を読む訓練期には非常に有効な手法なので、学生時代を思い出してぜひ実践してみてください。

記号をつけながら英文を読むのは、ちょうど補助輪をつけて自転車に乗るようなものです。最終的に補助輪は要《い》らなくなりますが、やはり最初は補助輪をつけてガラガラと大きな音を立てながら自転車に乗ったほうがよいのです。

最終目標は、ネイティブ・スピーカーが読むように、英文を頭から順に（日本語を介さずに）理解していくことにあります。よって、英文につける記号もゆくゆくは不必要になります。しかし、訓練期間中は、記号をつけながら英文を読むことが、読解力を向上させてくれる最大の武器となるのです。

英文の構造を把握するための3ステップ

「記号をつけて文の構造を把握する」方法を、もう少し細かな手順に分解しましょう。

①「文中のかたまりを見つける」
②「文の中心要素を見つける（特に主語と述語）」
③「動詞の語法を確認する」

という三つのステップになります。
次の英文で、この三つの手順をくわしく説明しましょう。

Though the couple were not rich, they provided their child with everything that she needed.
（その夫婦は裕福ではなかったが、子どもが必要とするものは何でも与えてやった）

①「文中のかたまりを見つける」

英語に限らず、文はいくつかの「かたまり」で構成されており、「かたまり」は数語の組み合わせで成り立っています。
たとえば、「その国では今、史上最大規模の洪水が人々の暮らしを脅《おびや》かしている」という日本語は、「その国では」「今」「史上最大規模の洪水が」「人々の暮らしを」「脅かしている」といった部分に分割することができます。

英文を読む時にも、複数の語が意味的に強く結びついた「かたまり」を意識することで、文の構造が格段にわかりやすくなります。

この英文では最初に、Though the couple were not rich（その夫婦は裕福ではなかったが）という六語のかたまりがあり、英文の最後には、that she needed（彼女が必要としていた）という三語のかたまりがあります。

まず、主語と述語の前に though や that があれば、「ここからかたまりが始まるんだな」と判断してください。

なお、though は「接続詞」という単元で、また that は「接続詞」と「関係代名詞」という二つの単元で学習します。

②「文の中心要素を見つける（特に主語と述語）」

さて、文の中心は、主語と述語です。どんなに長い文でも、「誰が何をする」という主語と述語が骨格となるので、最初に文の中心になる主語と述語を探し出しましょう。その部分を解釈するだけで、文の大まかな内容が把握できます。

英文が複雑になると、一つの文の中にいくつもの「主語と述語」が現われます。先の例文にも、the couple were not rich / they provided / she needed と、三つの「主語と述語」が出てきます。

こうした場合には、一見しただけではどれが文の中心になるのかがわからないこともあります。そこで、①で行なった「かたまりを見つける」作業で、どこが中心かを見つけ出してみましょう。

かたまり部分は、文中で「なんらかの説明を加える役割」を担《にな》っています。逆に言うと、何らかの説明の追加にすぎないため、その部分がなくても文が成立します。

こうした「説明の追加」を「修飾」と呼びます。

つまり、the couple were not rich と she needed の前に、それぞれ though と that があり、though the couple were not rich / that she needed というかたまりを作っていることがわかります。

そうした構造が理解できれば、このかたまりは「文の中心となる主語と述語ではない」、すなわち「修飾部分だ」と判断できます。

このような読み方をすることで、文の中心となる主語と述語は they provided（彼らは与えた）だけである、ということが見えてきます（図1）。すなわち、一五個の英単語からなるこの文は、「彼らが与えた」ということをまず言いたい文なのだ、とわかるのです。

③「動詞の語法を確認する」

「彼らは与えた」が文の骨格を形成していることはすでに述べましたが、この部分だけではまだ言いたいことがはっきりと伝わってきません。つまり、「与える」という動作には、「誰に」と「何を」という情報が必要なのです。

この二つの情報をどのように表わしているかを、次に確認してみましょう。

先に「辞書がひける人は英語ができる人」で説明したように、動詞にはそれぞれの「用法」があり、そうした用法のことを「語法」と呼んでいます。

たとえば、provide は、give と同じく「与える」という意味の動詞です。ところが、この二つの動詞は、「誰に何を与える」と表現する時の語順や前置詞の使い方が異なります。give は「give（もの）to（人）」という形で使われるのに対して、provide は、「provide（人）with（もの）」という形で with を伴って使われるからです（図1）。

図1：英文の構造分析

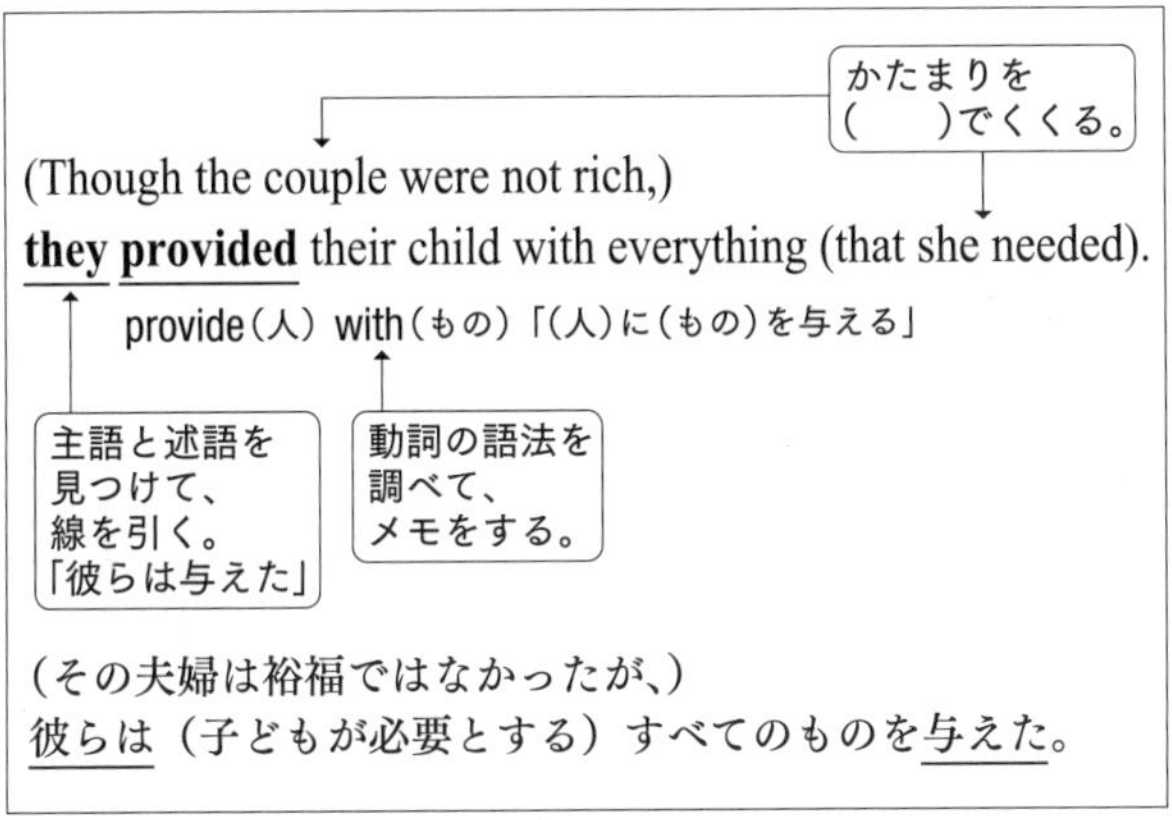
かたまりを
(　　)でくくる。
(Though the couple were not rich,)
they provided their child with everything (that she needed).
provide(人) with(もの)「(人)に(もの)を与える」
主語と述語を
見つけて、
線を引く。
「彼らは与えた」
動詞の語法を
調べて、
メモをする。
(その夫婦は裕福ではなかったが、)
彼らは（子どもが必要とする）すべてのものを与えた。

ここでは、（人）と（もの）の位置が逆になっていることにも注目してください。このような語法の知識があって初めて、文の言いたいことが理解できるようになるのです。

ところで、make（作る）がforとくっつくとmake forで「～に向かう」という意味になるという例を、先ほど挙げました。このように動詞には語法によって大きく意味の異なるものもたくさんあります。

よって、文中に出てくる動詞（特に文の中心になる動詞）については、辞書できちんと語法を調べるようにしましょう。そうすることで、文がどのような構造になっているのかがわかります。

実は、こうした動詞の語法に強くなること

が、英語が読めるようになるもっとも大切な要素なのです。英語が得意な人は、こうした語法を辞書で確認するのが好きな人でもあります。

余談になりますが、かつて鎌田は、居酒屋で辞書を肴《さかな》にビールを飲んでいる人を見かけたことがあります。その人はカウンターに一人ですわり、いとも楽しそうに辞書をめくっていました。辞書をあてに一杯ひっかける姿が何ともカッコ良かったのですが、おそらく語法を辞書で確認するおもしろさに目覚めた人で、語学の達人に違いないと確信しました。

なお、こうした英文の読み方を教えてくれる学習書として、西きょうじ著『英文読解入門基本はここだ!』(代々木ライブラリー)があります。「主語と動詞を発見しよう」から始まり、英語を読む基本プロセスをとてもていねいに説明しています。

(2) 和訳の「下書き」で英文を理解する

「下書き」で文構造が一目瞭然に

さて、英文に記号をつけて「構造分析」をしたあとで、今度はそれをもとにして「下書き」をします。下書きとは、和訳の前段階の思考プロセスを視覚化する作業のことです(図

図2：下書き

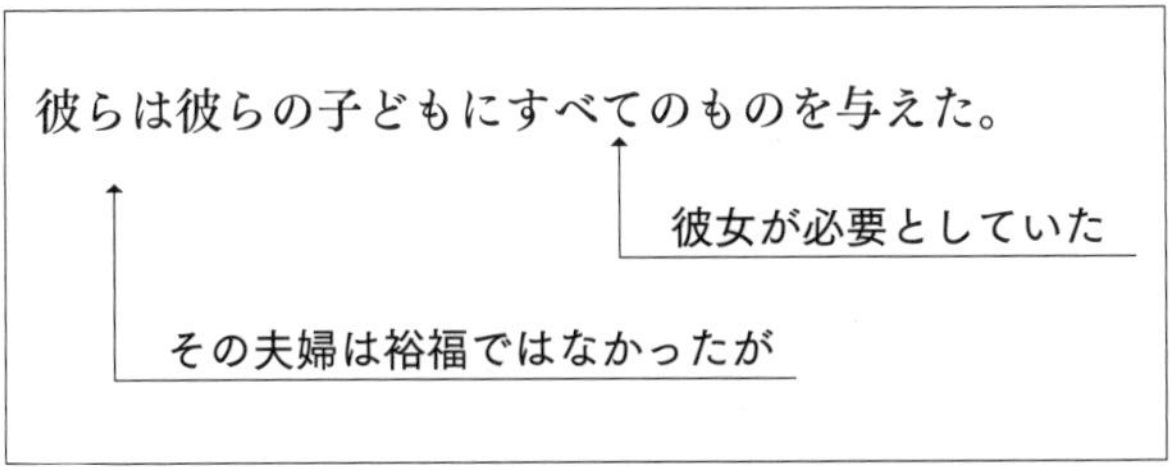
彼らは彼らの子どもにすべてのものを与えた。
彼女が必要としていた
その夫婦は裕福ではなかったが

2）。最終的に和訳をしない場合でも、英文理解に大いに効果を発揮しますので、この下書きをぜひ実践してみてください。

下書きの2ステップ

下書きも、さらに二つのステップに細分化することができます。

④「文の中心部分を日本語で書き出す」

最初に、文中のかたまりを見つける、動詞の語法を確認する、といった構造分析を行ないます。そして、文を「中心部分」と「修飾部分」に分けてゆきます。その後、中心部分だけに対して、単語はなるべく直訳のままでかまわないので、訳していきます。

先ほどの例文でいうと、though the couple were not rich（そ

の夫婦は裕福ではなかったが）と that she needed（彼女が必要としていた）が、修飾部分に当たるので、これらの部分を無視します。

そこで、they provided their child with everything の部分だけを「彼らは彼らの子どもにすべてのものを与えた」と訳して、「下書き」に書き出します。

⑤「修飾部分を追加する」

文の中心部分の訳を書いた後で、今度は修飾部分をくっつけていきます。

ここでは、矢印を使ってぶらさげるように書き足していくと、わかりやすくなります。この時も、単語はなるべく直訳のままがよいでしょう。

まず、though the couple were not rich「その夫婦は裕福ではなかったが」と、that she needed「彼女が必要としていた」を、中心部分にぶらさげて書いてみましょう。

「下書き」で英語の感覚を身につける

下書きの際には、存在するすべての単語を無視せず、なるべく直訳のまま書き記してください。すなわち、先ほどの例文では、「彼らは彼らの子どもに与えた」と訳すのです。

ここで、their は最終的には訳さず「彼らは子どもに与えた」とするほうが、日本語としては自然でしょう。しかし、英語ではこの their を省略することはできないので、「彼らは彼らの子どもに与えた」と直訳するのです。

もし、their を省略して they provided children とすると、「自分の子ども」ではなく、「不特定で複数の子どもたち」という意味になり、文意が変わってしまいます。ここで、「なるほど、英語では their をつけないといけないんだな」と気づくことが大切なのです。

たとえ訳文の日本語に違和感を覚えたとしても、英語の正しい表現形式に慣れていくことのほうが大切なのです。逆に、こうした違和感を克服することで、英語の感覚を身につけることができます。第1章で述べた「英語と日本語はフレームワークが異なる」という話を、もう一度思い出してください（22ページ参照）。

it や a も正確に訳す

同様に、普通は日本語に訳出されないような it や a なども、下書き段階では「それ」「ある一つの」と、きちんと訳してみましょう。

たとえば、

I am a student.

をあえて「私は一人の学生です」と訳すことで、英語のaの感覚が身についてきます。このように日本語と英語を比較し、差異に気づくことによって、スピーキングやライティングの正確さも向上します。先に挙げた英文で、theirを省略できないことがわかれば、いくらでも応用が利くのです。

日常会話でも、「兄が財布を落とした」と言いたい時があるでしょう。この時に、

Brother lost wallet.

と安易には言わなくなります。

すなわち、きちんとmyとhisを用いて、

My brother lost *his* wallet.（私の兄が彼の財布を落とした）

と言えるようになるでしょう。

つまり、兄とは誰の兄か、また財布の所有者は誰なのかを明確に示す習慣が、英語を使う人々の大切なマナーとして成立していることを知っていただきたいと思います。

構造分析の実践演習

次の英文はバラク・オバマ米大統領の第一期就任演説の一節です。この文に記号をつけて構造分析を行ない、下書きをしてみましょう。

Today, I say to you that the challenges we face are real.

（我々が直面している困難は現実のものであるということを、今日私は皆さんにお伝えします）

まずは、I say が文の中心の主語と述語であることを確認し、線を引きましょう。

次に、that が後ろに文を従えて「～ということ」とかたまりを作ることと、その that のかたまりが say の発言内容であることを確認します。

こうすると、おおまかな文構造が見えてきます。すなわち、骨組みは「私は～ということを言います」という文です。

さらに、we の後ろにある face が「顔を向ける、直面する」という意味の動詞であることを辞書で調べましょう。

そして、we face（私たちが直面する）が、直前の the challenges という名詞を説明していることがわかれば、構造分析は完了です。

ちなみに、the challenges we face のように、名詞の直後に主語と述語がくっつくと、その主語と述語部分は、前の名詞の説明になります。すなわち、「私たちが直面する困難」という意味になるのです。

同じような構造の文章として、もし the car he has ならば、「彼が持っている車」となります。

前出の everything that she needed（彼女が必要としていたすべて）も、同様の構造分析がで

図3：英文の構造分析と下書き

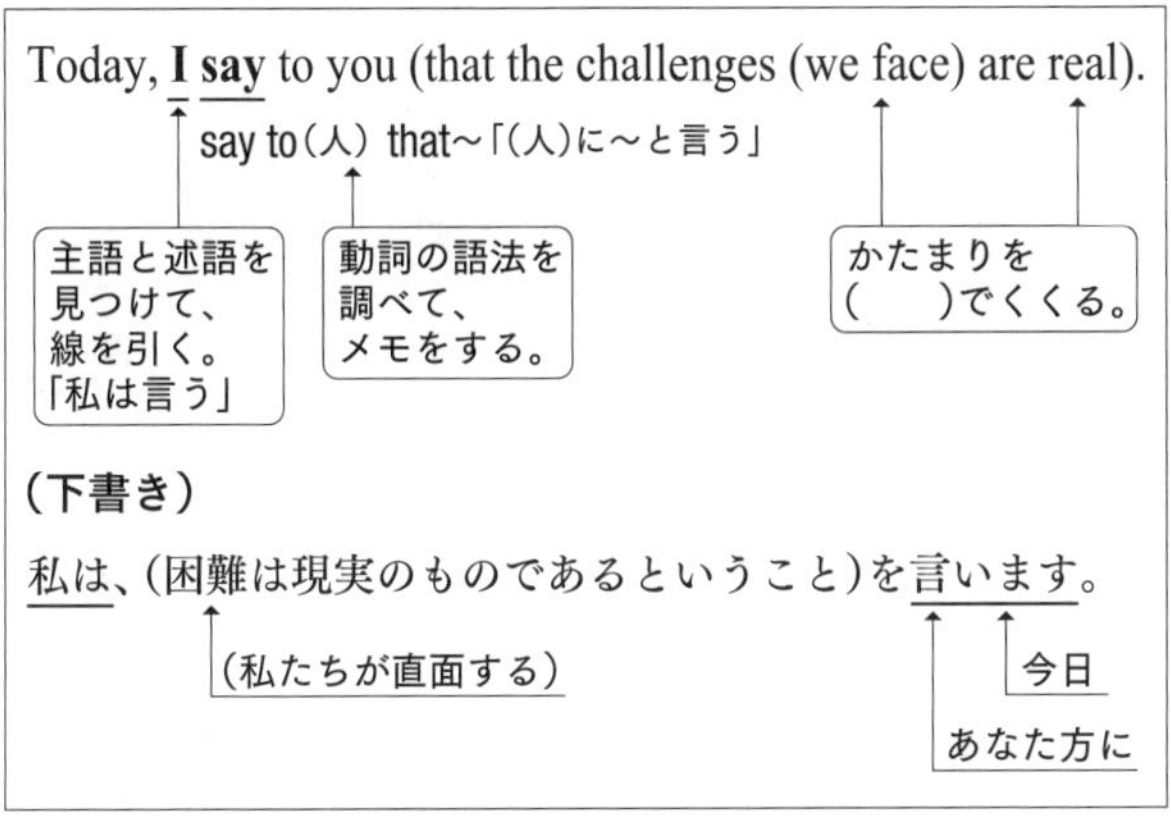

Today, I say to you (that the challenges (we face) are real).

say to（人） that～「（人）に～と言う」

主語と述語を見つけて、線を引く。「私は言う」

動詞の語法を調べて、メモをする。

かたまりを（　　）でくくる。

（下書き）

私は、（困難は現実のものであるということ）を言います。

（私たちが直面する）

今日
あなた方に

きます（135ページ）。

すなわち、このthatを省略して、everything she neededとすることができるのです。名詞の直後に主語と述語が続くこのパターンは頻出ですので、ぜひ覚えておきましょう。

さて、このような分析をもとにして、下書きをしてみましょう。

文の中心は「私は、困難が現実のものであるということを言います」となります。そこに、「今日」「あなた方に」「私たちが直面する」という部分が、付加されている形になります。

これらを図3で示しておきましょう。

part

C

読解こそ「復習が命」

(1) 復習の柱は音読

「読み捨て」をやめよう

英語の再学習を始めた人の中に、以前よりも英語が読めるようになった、と喜んでいる人がいます。ここで、「以前よりも英語が読めるようになる」とはどういうことでしょうか。

それは、英文を最初に目にした時に、即座に把握できる構造パターンが増えるということです。つまり、初見の英文にもかかわらず、「この文構造は見たことがある」「あの時に読んだ英文と同じ構造だ」と気づきながら読めるようになるのです。

こうした「気づき」を持ちながらたくさん英文を読んでいくと、最終的にはその気づきさえ無意識化していくことができます。すなわち、すべての読解が、言わばオートメーション化するのです。

そうした段階に達すると、「ややこしいことは何も考えなくても英文が読める」という感覚を持てるようになります。こうなるとしめたもので、英文に触れることが本当に楽しくなるのです。

では、こうした理想的な読みを自分のものにするには、どうすればよいのでしょうか。

「このパターンは以前に読んだことがある」と気づくためには、自分が読んだ文章をきちんと記憶に留めておくこと、つまり、「復習」をすることが不可欠なのです。

次々に新たな英文を読んでも、もし頭に残らなければ何にもなりません。力をつけることを焦って、読み捨ててしまってはならないのです。

正しい方法で復習を行ない、時間と労力をかけて読んだ英文を、決して無駄にしないようにしましょう。そうすれば、これまでに読んだ英文のすべてが血となり肉となります。

力のつく音読、つかない音読

継続的に復習をするためには、まずやり方をシンプルにすることが大切です。

この章のテーマ「読解力向上」のための最高の復習法は、実は「音読」なのです。それも、精密読解をして完全に理解した英文を、何度も繰り返し声に出して読み続けるのが効果的です。

ただし、ここで、あるコツがいります。漫然と英文を眺めながら声を出すだけでは、ダメなのです。すなわち、「力のつく音読」と「力のつかない音読」があるのです。

学生時代に授業で、国語や英語の音読をした時のことを思い出してみてください。字面を目で追って、ただ機械的に声を出しているだけでは、頭が働いていない状態です。これではいくら時間をかけて音読をしていても、力はつきません。

何よりも、こうした音読ではいっこうにおもしろくありません。手応えのある音読を行なうには、技術が必要です。これから紹介するシンプルで力のつく音読法を習得し、その効用をよく理解したうえで、目的を持って音読を実践していただきたいと思います。

(2)「音読筆写」で英語力をつける

音読筆写の方法

英語力を短期間で倍増させる究極の復習法があります。「音読筆写」という方法ですが、文字通り、音読と筆写を合わせた練習です。

準備するものはノートと筆記具だけです。具体的には、①英文を音読する、②音読した部分を瞬間的に記憶し、ノートに書き写す。これだけです。なお、長い文の場合には、文中のかたまりごとに区切って練習します。

音読筆写は、英文を暗記するために行なう作業ではありません。英文中に単語がどのような順に並ぶのかを理解する、つまり、英文の構造を把握するための訓練です。以下では具体的な取り組み方を紹介しましょう。

・素材の英文は一〇〇語程度に

全文を音読し、書き写す作業を行ないますから、短めの文章を使います。一〇〇語を超えるような長すぎる英文は適しません。まず、自分が関心のある分野について書かれた英文を選びましょう。また、自分の力に合うような、あまり難解でない文章を用います。

素材は、英語学習用の題材でなくてもまったくかまいません。たとえば、英字新聞から気になる記事を見つけたり、仕事や趣味に関する英文を選んだりしてください。自分が気に入った文章を使うのが、長く継続するための大事なコツです。

・構造上、おかしな箇所で区切らない

一文をまるまる暗記するのは大変です。よって、慣れるまでは英文をいくつかに区切って練習してもかまいません。

その際には、意味を構成する区切りごとに、「かたまり」を作っておきます。区切りを明瞭にするために、コンマなどの記号を入れて切ってもよいでしょう。

学習書によっては、英文にスラッシュで切れ目を示してくれている親切な本もあります。たとえば、三宅滋《みやけしげる》・太田恵子《おおたけいこ》著『日本一やさしい 初めてのシャドーイング』（成美堂出版）をお薦めします。また、英語学習月刊誌では『CNN English Express』（朝日出版社）は初級編の英文にスラッシュを入れてあり、リスニングや音読に取り組みやすくしています。

・英文を見ながら、しっかりと音読する

まず、ゆっくりでかまいませんから、発音に気を配りながらていねいに読んでみましょう。二度、三度と繰り返し読んでもかまいません。音読をしながら、その英文を瞬間的に記憶するのです。

・筆写の際は、絶対に英文を見ない

次に、記憶した英文をノートに書き写します。ここで、単語のつづりは、正確でなくてもかまいません。音読筆写は構造的な学習を重視します。したがって、若干つづりを間違えていても、瞬間記憶した英文が書ければよしとします。

もし、筆写の途中で書き続けることができなくなれば、もう一度音読からやり直します。

・筆写は汚い字でよいので、スピードを落とさない

筆写した英文は、後で読み返す必要はありません。誰にも読めないほど汚い字でよいので、スピードをつけて一気に書きましょう。音読筆写では「勢い」が大切なのです。

・一つの素材を、最低一〇回は繰り返す

初日に数回連続で、音読筆写の練習を行ないます。その後の一週間は、数日おきに繰り返しましょう。

さらに数週間後に、もう一度だめ押しの練習をすると非常に効果的です。

まず、練習の初日に、その後の練習日程を決めて、カレンダーや手帳に記入してしまいましょう。

特に、お気に入りの英文は、自分の「十八番《おはこ》文例集」としてストックしておきます。この文例集を用いて、何回も繰り返し練習をしてください。

なお、文例集はコピーを取って保管しておきます。パソコンに入力してデータ化しておくと、さらに良いでしょう。たとえば、スマートフォンに入れておき、隙間時間に暗記することも可能です。

こうして音読筆写で頭に染みこませた英文は、スピーキングの際にも大いに役立つものなのです。

・読み聞かせをしているつもりで

音読をしている時は、目の前のネイティブ・スピーカーに読み聞かせているつもりで読んでください。

また、筆写の時は、ネイティブ・スピーカーに手紙を書いているつもりで筆記します。もし文例が小説ならば、自分が作家になったつもりで生き生きと書きましょう。

音読も筆写も、「自分がこの英文を作り上げているのだ」というイメージを常に持つことが大切です。こうしたポジティブなイメージを持つことで、脳を活性化させ、その状態を維持することができるからです。

ここに紹介した音読筆写のやり方はいたってシンプルですが、効果は絶大です。たとえば、正確な読みができるようになるだけでなく、速読が身についたり、英作文の力が向上したりします。

音読筆写を実践している大学受験生の多くが、半年から一年で偏差値を二〇以上アップさせているほどです。劇的に英語力を伸ばすためにも、ぜひ挑戦してみてください。

音読筆写のバリエーション

音読筆写を続けていき、英文が頭に入るようになったら、文単位で音読筆写ができるようになります。この頃になると、英文を隅々《すみずみ》まで覚えていて、正確に書き写せることが楽しくなってきます。

その後、素材の例文を丸暗記してしまったら、何も見ずに筆写をし、それから音読をする、という方法もあります。

丸暗記そのものが目的ではありませんが、こうすることでスピーキングやライティングといった、アウトプットの力が飛躍的に向上します。

なお、図書館などの音読ができない環境では、「黙読筆写」をしましょう。音読筆写を何度か実践している素材ならば、黙読でも同等の効果が期待できます。

ただし、頭の中では発音に気をつけながら、しっかりと黙読をすることがポイントです。さらに、きちんと手を動かして筆写をすることも大切です。音読筆写のバリエーションとして、黙読筆写もぜひトレーニングをしてみてください。

(3) スピーキング力を伸ばす「復習法」

もう一つの手軽な音読法「リード・アンド・ルックアップ」

音読筆写をする時間がない、ノートを広げる場所がない、という場合もあるでしょう。この時には「リード・アンド・ルックアップ」(read and look up) という音読法をお薦めします。

これは、英文を一文ごとに黙読し、瞬間的に記憶した後で、顔を上げて音読をする、というものです。具体的に手順を紹介しましょう。

最初に、教材とする英文の第一文だけを黙読します。黙読しながら、その文を瞬間的に暗記してください。二度三度と繰り返し黙読してもかまいません。

そして、頭に入ったと感じたら、英文から目をそらして、いま覚えたばかりの第一文を音読します。

音読の際には、決して英文を見てはいけません。英文から目をそらすだけでなく、必ず顔を上げるようにしましょう。これが「ルックアップ」という意味なのです。

第一文を声に出して読み終えたら、英文に目を戻し、正確に再生できたかどうかを確認します。うまく言えなかった場合は、もう一度、第一文の黙読からやり直します。顔を上げてうまく言えれば、第二文に進みましょう。

いま日本語を題材にして、リード・アンド・ルックアップの手順を確認してみましょう。

この節の最初の一文「音読筆写をする時間がない、～という場合もあるでしょう」を黙って読んでみてください。

そして、さっと顔を上げて、今しがた黙読した文を、今度は声に出して言ってみましょう。

言い終えたら目を戻し、もう一度第一文をさっと眺めて、間違いなく言えたかどうかを確認します。

うまく言えれば、次の「この時には~という音読法をお薦めします」という第二文に進み同じことを繰り返します。これを日本語ではなく、英文で行なうのです。

リード・アンド・ルックアップも、一文ごとに行なうのが基本ですが、むずかしい場合は、一文を数カ所に分割して練習してもかまいません。先ほどの日本語の例では、「音読筆写をする時間がない」「ノートを広げる場所がない」「という場合もあるでしょう」と、三つに分割して練習する感じです。

なお、前節で紹介した「黙読筆写」の練習の際に、「筆写」を行なう代わりに音読をすれば、それもリード・アンド・ルックアップになります。

こうしたリード・アンド・ルックアップを効果的なものにするためのコツは、目の前にいる聴衆に対して「スピーチ」をしているつもりで、できれば簡単なジェスチャーをつけて練習することです。ここでも、英文を自分で作っている感覚を持って行なうことが、大事なポイントとなります。

リード・アンド・ルックアップは、生活の中で五分の空き時間があれば簡単に実践できるものです。すでにアドバイスしたように、隙間時間を大いに活用してください。

読解力とスピーキング力も同時に伸ばす

リード・アンド・ルックアップは、最初に述べた音読筆写と「併用」することも可能です。

たとえば、音読筆写を繰り返した英文を後日、短時間で復習したい場合には、リード・アンド・ルックアップを行なうとよいでしょう。また、英文素材が長い場合には、逆にリード・アンド・ルックアップで口慣らしをしてから音読筆写に移行すると、きわめてスムーズです。

音読筆写やリード・アンド・ルックアップを続けてゆくと、英文を自分で再生する際に、数多くの大事なポイントに気づくようになります。目にしたばかりの英文の単純な繰り返しであっても、自分で再生するとなると、いろいろと気になるからです。

たとえば、「なぜここで it を使うのか」「この代名詞は何を指しているのか」「ここに前置詞はいるのか、いらないのか」「名詞が単数形だったか複数形だったか」など、細かな部分に気を配るようになるのです。

実は、こうした「気づき」こそが正確な読みを実現し、皆さんの英語力を向上させることにつながるのです。

よって、「英文読解の極意は細部にあり」と心得てください。

また、リード・アンド・ルックアップは手軽な復習法ですが、スピーキング力を伸ばすこともできます。特に、スピーキング力の向上に重点を置く場合は、相手に語りかけているつもりで話します。

時には、感情を込めて読むことをやってみてください。読解力に加えてスピーキング力も格段に上がってくるはずです。

第5章 単語力アップの秘訣

——英語学習で最大の難関を突破するには

(1) 語彙力の目安はどのくらいか

日常生活に必要な単語の数は

英語が好きで、リーディングやライティングには喜んで取り組む人たちも、単語学習だけは苦手という場合がよくあります。「楽をして単語を覚える方法はありませんか」「なるべく効率的に覚えたいのですが」と大学生が相談に訪れることがあります。

また、単語の暗記をまるで苦行のように思っていて、できることなら避けて通りたいと感じているビジネスパーソンも多いようです。本章では、英語学習最大の難関ともいうべき単語学習を快適に進める方法についてお話しします。

まずは、どれくらいの単語を覚えなければならないのかを考えてみます。単語学習も文法学習も、多くの事項を暗記しなければならないという点では同じです。ところが、文法では学習の総量が想像できるのに対して、単語学習は際限がないように感じてしまう点が決定的に違います。

たとえば、文法問題集を一冊仕上げれば、文法学習はだいたい完成します。しかし、単語はそうはいきません。実際、プロの英語通訳の方でも日々知らない単語に出会い、単語力のなさを嘆いているのです。

しかし、ここに私たちを勇気づけてくれるデータがあります。実は、日本語と比べて英語は、ずっと少ない数の単語で日常生活が送れるようになっているのです。

三〇〇〇語で英語を使いこなす

ある調査によると、一般的な英語のコミュニケーションの九割をカバーするには、三〇〇〇語が必要とのことです。すなわち、英語圏で生活する中で出会う語を頻度の高い順に並べていくと、上位三〇〇〇語で全体の九割を占めることがわかったのです。

つまり、基本的な三〇〇〇語さえ覚えれば、会話や文章の大部分が理解できるということになります。

それに対して、日本語では、カバー率九〇パーセントを超えるためには、一万語弱を覚えなければなりません。たとえば、三〇〇〇語では、日常生活で用いられる語彙《ごい》の七五パーセントしか理解できないと言われます。つまり、日本語は三〇〇〇語を覚えても、まだ四語に一語が見知らぬ単語なのです。これでは、新聞や雑誌を読むのにも苦労します。

確かに、日本語では自分を指す言葉が、「私」「僕」「俺」などと複数あるのですが、英語では「I」だけです。日本語を学ぶ外国人にとって、日本語の語彙の豊富さはとても厄介《やっかい》なのだそうです。

一方、英語は少ない基本語で日常的なコミュニケーションをまかなえるのですから、非常に使いやすい言語と言えるかもしれません。ちなみにフランス語は、二〇〇〇語で日常生活語彙の約九〇パーセントをカバーできるそうです。

「基本語」を使いこなす技術

この三〇〇〇語には、aやtheなど、すでによく知っている語もたくさん含まれています。中学英語で習った語も多くあるので、今から新たに三〇〇〇もの単語を覚えなければならないのではありません。

むしろ、頻度の高い基本的な三〇〇〇語をきちんと使いこなすことで、大半が表現できるのです。私たちが英語を使う際には、こうした「基本語を使いこなす」技術が非常に大切です。

たとえば、日本語には「落ちる」と「落下する」という似た意味の表現があります。「落ちる」のほうが使い勝手がよく、日常生活のより広い範囲で使用されます。「机から消しゴムが落ちた」とは言いますが、「机から消しゴムが落下したので拾ってください」と言うと不自然です。

英語でも同じことが言えるので、まずは基本語の正確な使用法に慣れましょう。しかも、その数は日本語よりもずっと少ないのですから、必ず使いこなすことができます。

「グロービッシュ」の世界

英語にはもう一つ有利な状況があります。現在の世界で英語を話す人の七割が非ネイティブ・スピーカー、という統計があります。世界のあちらこちらで、私たち日本人も含めて非ネイティブ・スピーカー同士が英語でやり取りをしているのです。

こうした現状を踏まえ、非ネイティブ・スピーカーが習得しやすいように、限られた数の単語だけを用いる簡易英語が開発されました。ジャン＝ポール・ネリエール氏が提唱しているグロービッシュ（**Globish**／グローバルなイングリッシュ）です。ここでは基本単語一五〇〇語のみで必要最低限のコミュニケーションが成立するようになっています。

実際には一五〇〇語だけでは少し不便な面があります。また、ネイティブ・スピーカーの会話や文章に完全に対応できるわけではありません。しかし、英語の入門期に学ぶガイドラインとして、すでに普及しつつあります。関心のある方はジャン＝ポール・ネリエール、ディビッド・ホン共著『世界のグロービッシュ』（東洋経済新報社）を参考にしてください。

なお、グロービッシュは主にビジネスパーソンを対象にしており、さまざまな教材が書店に並んでいます。

学習書としては、関口雄一《せきぐちゆういち》著『驚異のグロービッシュ英語術』（高橋書店）がよいでしょう。グロービッシュがどういうものかを解説したうえで、具体的な学習方法を示しています。この著者自身がビジネス界でグロービッシュ英語を駆使して英語力を向上させた実績があります。また、グロービッシュの語彙を中心に習得したい人は、阿部川久広《あべかわひさひろ》著『グロービッシュ時代のこれだけ！英単語１１１』（実業之日本社）から始めるとよいでしょう。

（2） 語彙力を効果的に増やすには

毎日必ず英語に触れる

次に、どの単語をどのような方法で覚えるのか、について考えましょう。最初に、単語学習の「鉄則」をお伝えしておきます。

単語を一定期間で集中的に覚える時には、市販の単語集を使ったり、単語カードや単語ノートを自作したりと、いろいろ方法があります。どのようなケースでも、「とにかく毎日覚える」ことを絶対のルールとしてください。

すなわち、どんなに忙しくても、何があっても、英単語に触れるようにします。電車の待ち時間など、たとえ数分であっても、毎日必ず英語を「見る」のです。

もし、本当に時間が取れない日は、単語集の表紙を触《さわ》るだけでもよいのです。こうすることで、「単語を覚えなければ」と意識することができ、翌日は頑張ろうという気になれます。

私たちがよくしている方法ですが、カバンの中に単語集を必ず入れておくのもよいでしょう。実は、「毎日触れる」とは、英単語の習得に限らず、教養を身につけるための読書にも当てはまります。カバンの中には、古典作品の岩波文庫などが入っているのです。

いつでも、どこでも、「学習スタンバイ」の状態にしておくこと。これは、仕事や勉強のさまざまな場面で活用できる汎用《はんよう》テクニックなのです。

どの語を覚えればよいか

さて、先ほど述べたように、英語は三〇〇〇語で日常会話の九割をカバーするのですが、この中にはすでに知っている単語も相当数ありますから、三〇〇〇語のリストを順番に覚えていっても効率的とは言えません。

さらに、ビジネスで英語が必要なのか、海外旅行の際に英語を話したいのか、洋画を楽しむためか等々、場面によって必要とされる語彙はかなり異なります。よって、英語を使用する目的に応じて、皆さんの覚えるべき基本語を変えてゆかなければならないのです。

こういう時にはやはり市販の単語集が便利です。使用目的やレベルに合わせて、応用の利く基本語が選ばれています。プロの選んだ単語は、必要とする語彙力増強の最短距離を示してくれます。

単語集というと大学受験のものと思ってしまいがちですが、決してそうではありません。最近はビジネスパーソン向けにさまざまな種類のものが書店に並んでいます。

たとえば、資格試験用のものでも数十種類にのぼりますし、日常会話や旅行のための単語集、英字新聞を読むための語彙集や、さらには看護医療単語集など、専門分野の単語集も用意されています。

特に分野や目的を限定せず、汎用性の高い語彙力を身につけたい場合には、大学受験用のものを選んでください。使用頻度が高い語から並んでいるもの、時事・評論・科学など分野ごとに収録しているもの、などさまざまです。また、語源をくわしく解説しているもの、長めの英文を読みながら単語を覚えるもの、もあります。

各社とも、覚えやすさの追求とモチベーションの維持に、趣向を凝《こ》らしています。CDの付いている単語集では、発音も一緒に覚えることができます。音声を聞きながら英単語を覚えるのは効果的な方法の一つです。

さらに、太田義洋《おおたよしひろ》著『百式英単語』（西東社）や木村達哉《きむらたつや》著『ユメタン』（アルク）のように、「○日目には〜をする」など、スケジュールを指示して単語を無理なく覚えさせるものもあります。

まず、書店で実際に手にとってみてください。使う単語集が決まったら、文法学習と同様に、購入時に終了予定日を決めてしまいます。ここでも、短期間に一気に仕上げてしまうのが最大のポイントです。なお、一冊に収録されている語数が多い場合は、前半にある「基本編」だけでもかまいません。

実際に出会った単語を覚える

市販の単語集だけで、自分に必要な単語のすべてを網羅することは不可能です。よって、実際に英語を聞いたり、読んだりする中で出会う単語も、きちんと覚えていく必要があります。

こちらは単語集を用いた学習と違い、短期集中型ではありません。長い期間をかけて英語と関わるあいだに、継続する作業となります。

ここでは、見知らぬ単語に出会った時に、覚えるかどうかの判断をします。出会った未知の単語をすべて身につける必要はまったくありません。

つまり、覚えるべき単語の基準を作り、覚えるべきならばどうやって記憶に定着させるのかを考えます。こうした方策は効率よく単語を習得するために非常に重要なので、後ほどくわしく紹介します。

（3）単語集で覚える

あまり欲張らない

語彙力の増強を図る際に注意すべき第一の点は、「決して欲張らない」ことです。一つの単語を覚える際の情報量を、できるかぎり少なくするのです。

単語集によっては、一つの単語に複数の意味を記載しています。また、類義語や反意語に加えて、その語の使用上の注意、実際の活用例（例文）などを載せているものも多々あります。

ところが、単語集に多くのものを求めてしまうと、今度は覚えきれなくなります。したがって、単語一つに対する情報量を少なくして、どんどん前に進むのが鉄則です。暗記すべき内容を思いきって減らして、単語集を最後まで使い切ることを優先するのです。『ラクして成果が上がる理系的仕事術』（ＰＨＰ新書、76ページ）でも説いた「目的優先法」を参考にしてください。

私たちも学生時代に単語集を何冊か使いましたが、何度か挫折を経験しています。つい分厚い単語集を選んでしまったのですが、いろいろなことが書かれすぎていて、肝心の訳語が頭に入ってきません。

また、書かれてあることは全部覚えないといけない気がして、劣等感に苛《さいな》まれたこともあります。とにかく、必死に暗記しようとしても頭に入らないことに、しばらく後になって気づきました。

よって、単語集に書かれた付加的な情報は、目を通す程度に留めましょう。基本的には、一つの英単語につき「一つの訳語」を覚えれば十分なのです。

忘れてしまってもOK

よく「単語集では英語はできるようにならない」という話を聞きます。すなわち、単語と訳語を一対一対応で覚えるだけでは使えないのではないか、と言うのです。確かに、ここには一理あります。

まず、一つの訳語では当てはまらないことがよく起こります。また、文中での語法を知っていないと、英作文で使うこともできません。さらに、類義語との区別ができないと、英文のニュアンスを把握できません。

では、一対一対応の覚え方は無駄かというと、決してそうではありません。一つの訳語でも、知らないのと知っているのとでは、雲泥《うんでい》の差が生じます。ないよりもあったほうが、絶対によいのです。

ここで少し見方を変えていただきたいと思います。単語集が役に立たないのではなく、単語集の限界を知ったうえで、使い方を根本から考え直すことが大切です。

単語集での暗記は、厳選された多くの語に短期間に触れるという点で、非常に効率がよいのです。しかし、単語自体の「定着率」は、あまりよくありません。つまり、せっかく覚えても忘れてしまう率が高いのです。

ただし、悲観的にとらえる必要はありません。英単語が人生で初めての出会いであるのと、一度は単語集で見たことがあるのとでは、その後の定着率が大きく異なるのです。たとえ、ぼんやりした記憶しかなかったとしても、この違いは厳然としてあります。「あ、この単語は見たことがあるぞ。意味は覚えていないけど……」でもまったくＯＫです。これでも、その語には親近感を覚えますし、もう一度覚え直せば簡単には忘れなくなります。しかも、実際の用例で覚え直しをするわけですから、自然と身につくのです。

すなわち、単語集で仮に頭に詰め込んでおいて、実際に使った時に定着させる方法です。

よく考えてみると、単語集の中でしか目にしない語は、自分にとってあまり重要ではない語のはずです。したがって、忘れてしまってもいっこうにかまわないのです。

単語集の活用は、語彙力の増強を図る際の王道です。後で自分が実際に出会う単語を覚えるための「土台作り」だと考えて、ぜひ自分のレベルと好みに合った単語集を探してみてください。

(4) 英文の中で覚える

新出単語の覚え方

私たちが勧める語彙力増強のポイントは、単語集での暗記を「仮覚え」と割りきることです。仮覚えした単語は、後に実際の英文の中で再会して記憶に定着させるのが一番なのです。

私たちのメソッドでは、「単語を覚えるだけの時期」というのは作りません。単語学習と並行して、たくさんの英文を読み進める中で語彙を増やすことに主力を傾けるからです。

一方で、英文に出てくるすべての単語は、単語集での仮覚えの段階で出会うわけではありません。つまり、英文を読んでいる最中に初めて見る単語は、かなりの数に上るはずです。

こうした場合に私たちは、自分で単語カードや単語ノートを作り、整理して覚えることを勧めます。

すなわち、①単語集で仮覚えをしておいて、英文の中で定着させる方法と、②新出単語を、単語カード・単語ノートにまとめる方法、の二つをうまく使い分けるのです。

以下では、後者のコツを具体的に述べてみましょう。

単語カード・単語ノートの作り方

最初に、カードでもノートでもかまいませんが、常に持ち歩けるものを選んでください。

ここでは携帯性を最重要視し、日常生活のほんのちょっとした時間を活用することを考えます。

たとえば、九センチ×五・一センチのミニノートとして、『ジェットエース』（ダイゴー株式会社）があります。これを単語ノートにして、常にズボンのポケットに入れて持ち歩くのです。

非常に小さなノートですが、一〇秒ほどの隙間時間でも単語の確認ができます。また、背の部分にミニ鉛筆が収納されており、雑記帳を兼ねることもできます。常に携帯する意味では、ビジネス手帳の一部を単語ノートに改造するのも一案です。

なお、単語カードは嵩張《かさば》るので嫌だという人には、「メモリボ」（コクヨ）というデジタル暗記カードがお薦めです。これもポケットに収まり、片手で簡単に操作できます。メモリボ用の単語ソフトも販売されています。

さらに、スマートフォン用の単語帳アプリにも、有料・無料とも各種あります。これらについては、アプリストアで「単語カード」として検索してみてください。

変わり種では、かつて高校生の間で「うで単」というものがはやったことがあります。これは、英単語を油性ペンで腕に書き（!）、頻繁に眺めて覚えるという荒技です。友達とすれ違う時には、お互いが袖をまくって腕を見せ合います。相手の腕にある単語の意味を答えられたら勝ち、という対戦をしたものです。

今なら、デジタル暗記カードで同じ勝負を簡単にすることもできます。いずれにせよ、楽しみながら英単語を覚えるシステムを持つことが大切です。

自作の注意点

単語カードや単語ノートを自作する際の注意点は、やはり「欲張らない」ことです。欲張って何でも覚えようとすると、長続きしなくなります。単語集の項でも述べたことですが、覚える情報量を徹底的に少なくすることが重要です。基本的には一対一対応する訳語の記述に留めておきます。なお、記入した日付と出典をメモしておくとよいでしょう。

ただし、動詞は語法が重要ですので、記入しておきましょう。どんな前置詞と組み合わせて使うのか、などの用法です。

たとえば、apologize という動詞を覚える際に、「apologize=謝《あやま》る」という覚え方では不十分なのです。

「謝る」という行為は、たいていの場合「誰に」という情報が必要です。この時、「誰に」を to を用いて表わすことが決まっています。

つまり、apologize という動詞は、apologize to（人）の形で使うのです。こうした知識（語法）がなければ、「謝る」という訳語だけ覚えても、使うことができません。よって、単語カードでも、「apologize to（人）＝（人）に謝る」と記入します。

もう一つ大事な点は、知らない単語を片っ端から書き出さない、ということです。あまりにも新出語が多いと、それだけでやる気が失せてしまいます。途中で止めてしまったら、何にもなりません。

こういう事態を避けるためには、「一週間で一〇語だけ」などと、覚える数を初めから制限しておきます。この場合のポイントは、「一週間で一〇語」の制限に、とにかくこだわることです。

この時に、人と比べてはいけません。自分が長続きするような数を考えて、それよりもやや少なめの数で設定します。何ごとも学習する際には、必ず達成感が得られるようなシステムで始めることが重要なのです。

たとえば、その週に新しく読んだ英文から、一〇個の新出語を書き出して覚えることをルーチン化してみましょう。

週にたった一〇個でも、一年間続ければ五〇〇個以上の単語を覚えることになります。単語集を短期間で覚えるのとは違って長期的な作業になりますから、無理なく継続できる数にしましょう。

常に「推測する」訓練をする

前に、英語ができる人は辞書をひくことができる人だ、と書きましたが、一方で新出語を何でもすぐに辞書で調べるのはお勧めしないやり方です。辞書で確認する前に、必ず意味を自分で推測する習慣をつけましょう。

どんなに語彙力をつけても、すべての単語を既知の状態にすることは不可能です。ネイティブ・スピーカーでも知らない単語は必ずあるものです。彼らは新出語に出会っても、文脈からその意味を推察しながら読み進めています。

実際、私たちが日本語を読んでいても、意味のわからない表現に出くわすことがよくあります。しかし、ほとんどの場合には国語辞典で意味を調べることはしないでしょう。「こんな意味かな」と推測をしながら、先を読んでいきます。それでも文章全体の意味は、おおかた問題なく把握できるものです。

英語を読んでいる際にはなおさら、意味のわからない表現が出てきて当然です。日本語の場合と同じく、おおよその意味を推測できる力を養いましょう。

最初はなかなか推測が当たらないかもしれませんが、気にせず読み進めます。「当たらなくて、当たり前」くらいの気持ちで、「とりあえず推測する」訓練を続けてください。

もし、一〇〇語中の九五語がわかる状態になれば、残りの五語は、「動詞だな」とか「さっき出た〇〇とは反対の意味の形容詞だな」などと推測できるようになります。「わからないまま飛ばして読んでも、支障はない」という感覚が身につくことが、とても大切なのです。

文意を推測する力が身についてくると、読書のスピードも速くなります。そもそも、すべての語を辞書で調べるのでは読書効率が悪すぎます。ここでも、先に紹介した「不完全法」を活用していただきたいと思います。

「理系」の単語学習法

本章の最後に、鎌田がやってきた理系向きの単語学習法を紹介しておきましょう。

二〇代で火山学の勉強を開始してから、英語で読む力をつけるために、毎日一本の英語論文を読むことを自分に課しました。こうした日課は最初のうちは大変ですが、習慣になるとそれほど苦ではなくなり、むしろ楽しみとなってきます。

こうした際にお薦めなのは、米国で発行されている「SCIENTIFIC AMERICAN」です。科学雑誌といえば英国の「Nature」や米国の「Science」が有名ですが、専門性が高いので読みなれていない人にはハードルが高いでしょう。

その点、「SCIENTIFIC AMERICAN」では科学にまつわる広い分野のニュースが、毎月わかりやすい英文で紹介されています。英語論文を読みこなすための勉強としては最適の雑誌であり、ここで単語力を増強できるのです。

「SCIENTIFIC AMERICAN」は、英語版が発売された二カ月後に、日本語版『日経サイエンス』も発売されます。よって、くわしい内容や訳語に関しては、後から確認することもできます。

まず、初見の単語にこだわらず（すなわち、単語調べを「棚上げ」して）全体を読み通します。英文全体の内容をつかめば、単語の意味もおのずと類推できるようになります。

「文章を読みながら新出語の意味を類推する」方法は、理系の文章でもまったく同様です。むしろ、理系の場合のほうが限られた用語を使うことが多いので、推しはかりやすいかもしれません。完璧を求めず「棚上げ法」でどんどん読み進めるのですが、ダラダラと引きずらないことが毎日続けるコツです。

二年間これを続けたら、辞書がなくてもかなり読みこなせるようになりました。さらに、自分が知っている単語も驚くほど増えていることに気づきました。まさに「継続は力なり」

を実感することができたのです。

なお、時間に余裕がある場合には、英語版について辞書をひきつつ、ていねいに読むこともお勧めします。ただし、この時に、時間を決めておいて、その時間がきたらきっぱりとやめることが大切です。これが『ラクして成果が上がる理系的仕事術』（ＰＨＰ新書、24ページ）で勧めている「枠組み法」なのです。

ちなみに、先ほど挙げた「Nature」の冒頭には、「News and Views」という論文の内容と背景をわかりやすく解説したコーナーがあります。日本で購読できる「Nature」には、この「News and Views」に対するきちんとした日本語訳がついています。この和訳を参考にしながら模範的な英文を正確に習得することも可能です。

「SCIENTIFIC AMERICAN」「Nature」「Science」のようによく整理された文章を読み続けることで、最新の科学にまつわる生きた英文に触れることができます。科学雑誌も活用して、効率よく単語を増やしていただきたいと思います。

単語力の増強に関連して、もう一つ述べておきたいことがあります。異文化のかけはしに英語が重要であり、そのベースに単語力があることを、鎌田は学校を卒業してから改めて深く認識しました。すなわち、本書で説く「理系的」学習法は、仕事に就いてから徐々に確立していったのです。

大学時代の友人を振り返ってみても、これを獲得していた人はわずか一〇人に一人くらいのものでした。こうした経緯から、単語力アップを含めて、英語の習得に遅すぎることは決してないのではないか、と考えているのです。

ちなみに、周囲の京大生を見ても、大学で過ごす四年間に英語力が低下する学生が少なからずいます。受験から解放されてしばらくは、訓練としての勉強から遠ざかることが多いためですが、彼らも就職後には必ず英語の重要性を再認識しています。こうした時に、隙間時間を利用して単語力増強から始めるのもよいのではないでしょうか。

おしまいに、単語など個別化された知識を定着させるために、「索引」を活用することをお勧めしたいと思います。新しく学んだ知識や概念は、後で何度かくり返すことによって、短期記憶から長期記憶へ変化させる必要があります（91ページ参照）。この際に、学習書の巻末に付いている索引をながめることで、再度頭に焼きつけることができるのです。

これは個々の英単語だけでなく、「不定詞」「動名詞」「述語」といった文法用語や、「無意識」「継続」「戦略」などの普通名詞についても当てはまります。索引を見ながら、これらの用語が載せられたページを読み直すことによって、重要事項を確認することが可能なのです。

実は、本書でも巻末には類書にないほど数多くの用語をひいていますが、これらは私たちが「もう一度チェックして頭に定着させてほしい」と考えている項目です。こうした方法論は、鎌田がこれまで刊行した科学書とビジネス書で用いたものですが、読者の方から有効であるとの支持をいただいてきました。よって、本書を読む際にもぜひ、巻末の索引を活用していただきたいと思います。

第6章

聞く技術と話す技術

part

A

聞く技術のポイント

(1) 英語を聞いていることを意識しない

「英語が聞ける」とは

単語力のアップについて学んだ後に、リスニングとスピーキングの技術について考えてみましょう。リスニング力をつけるためには、まず、「英語が聞ける」とはどういう状態か、そしてどのような力が必要かを検討してみます。

「英語が聞ける」というのは、個別の単語を一つ一つ意識したりせず、全体のリズムをとらえ、スピードについていきながら、英文の内容がイメージとして頭に浮かぶようになって初めて体現できる状態です。

究極的には、「英語を聞いている」ということすら意識しない状態、つまり、何語でコミユニケーションを取っているかを意識しないまま、相手の言っていることが理解できている状態、と言えるでしょう。

一方、英語を聞いていることすら意識せず英語のままで理解する、などと言うと、とてもむずかしく聞こえます。

しかし、

I went to school yesterday.

ならば、日本語に直して考えなくても、イメージが頭に浮かんで理解できます。一般に、中学二年生のレベル以下の英語ならば、そのまま理解できるのです。

実力よりもやさしいレベルから

文法や英文解釈に不安がある状態では、英語が聞こえてきた瞬間に、日本語の思考が始まってしまいます。そうなると、それ以降の英文が聞こえてこず、何を言っているかがわからない状態に陥ります。

リスニングに慣れていない場合には、いったん音声の流れから脱落してしまうと、途中の合流は至難の業となってしまうのです。

日本語と違って英語では、最初の数語で「肯定文か、疑問文か、否定文か」、また「現在か、過去か、未来か」などの重要な情報が与えられます。

たとえば、

I didn't want to talk to him.（彼と話したくはなかった）

という英文について考えてみましょう。

もし、冒頭の I didn't を聞き逃すと、「否定文」であることも、「過去の文」であることもわからないまま、残りを聞くことになります。

したがって、「音声の最初から、途中で脱落せずに最後までついていく」ことが、リスニングの鉄則となるのです。そのためには、最初の数語を特に集中して聞くようにしましょう。

特に、トピックセンテンスの項目でも解説したように（27ページ）、英語では、冒頭に文の性質を決定づける大切な情報が詰まっているからです。

ちなみに、ＴＯＥＩＣ試験のパート２には、二人の会話の短いやり取りを完成させる問題があります。ここでは、一人目の発話が「肯定文か、疑問文か、否定文か」、また「現在か、過去か、未来か」を把握するだけで解答できる場合もあります。すなわち、音声の最初の数語を集中して聞くようにするだけで、正答率がぐっと上がるのです。

日本語を介さない理解が必要なリスニングの練習には、自分の実力よりもやさしめの教材を用いることが肝要です。英語のまま理解できる状態を作り上げ、そのレベルを少しずつ上げていくのが効果的だからです。こうした点が、第４章で述べたような英文読解の訓練とはまったく違うのです。

リスニングをむずかしく感じるかどうかは、発話のスピードや明瞭さが大きく関係します。すなわち、話の内容や使用される語彙よりも、速度のほうが影響するのです。

よって、市販のリスニング教材を購入する際には、ぜひ試聴するようにしてください。できる限り実際の音声を聞いてみて、自分のレベルに適しているかどうか判断する必要があります。

もし、試聴ができず、どの教材を選べばよいか判断に迷う場合は、月刊の英語学習誌などを活用するとよいでしょう。たとえば、『CNN English Express』（朝日出版社）では、初級者向けの音声教材から上級者向けのものまで収録されています。

一つの号に、さまざまなレベルの音声教材が入っているので、その中から自分に合った題材だけを使用します。定期購読までしなくても、一冊を使いこなせば数カ月間は訓練できるでしょう。

（2）頭から日本語を追い出す

文法を意識しない

とどまることなく流れてくる英語を理解しながら聞くためには、文法を意識しないことも大切です。

たとえば、今のeatingは「食べること」（名詞）だろうか、それとも「食べている」（動詞）だろうか、などと迷った瞬間に、思考が停止してしまいます。意識が文法に引きずられる結果、耳がリアルタイムに英語をとらえられなくなるのです。

したがって、頭の中では絶対に和訳しないようにしましょう。とにかく、日本語で思考しないことが肝要です。言わば無の境地で、しかし集中して聞くのです。無心になって耳に入ってくる音声に身をまかせる、という状態を早く作り出しましょう。

やさしめのリスニング教材を用いても、初めのうちは単語が数語聞き取れるだけかもしれません。英文の意味がぼんやり頭に浮かぶ程度だったりしますが、練習を重ねていくうちに、はっきりとわかるようになります。

音の識別にこだわらない

「耳に入ってくる音声に身をまかせる」ためには、英語の発音について深く考え込まないことも大切です。今聞こえた「ス」は th だろうか、それとも s だろうか、など細かな音の違いに気をとられないほうが上達します。個別の音の識別に注意を払いすぎると、日本語の思考が始まってしまい、耳が英語を素直にとらえられなくなるからです。

ちなみに、リスニングの訓練として、light（光）と right（右）、また hat（帽子）と hut（小屋）などを聞き分ける練習教材があります。こうした単語の聞き分けは、初級者にとってそれほどむずかしいことではありません。

第2章で解説したように、発音に注意すれば、単語単位の聞き分けならば短期間でできるようになります。しかし、文の流れの中で「ライト」と聞こえた時に、light と right を区別するのは非常にむずかしいのです。

第2章では、口や舌が日本語の発音の「構え」を覚えてしまっている、と書きました（58ページ）。これと同じく耳もまた、聞こえてくる音を日本語の音声としてとらえる「構え」をすでに身につけています。つまり、l（L）の音が聞こえても、r（R）の音が聞こえても、日本人は瞬時に同じ「ラ行」として認識するのです。

すでに自分の耳が持っている音認識パターンを再設定するには、それなりの時間が必要となります。したがって、発音練習をする中である程度、英語特有の音に慣れたら、リズムに重点を置いたリスニング練習に切り替えるようにします。そして、「ライト」が light なのか right なのかは、文脈から判断するようにしましょう。

さまざまな英語

英語は世界中で話されているため、使われる地域によって文法や語彙が異なる場合があります。使用地域ごとに、アメリカ英語、イギリス英語、オーストラリア英語などと呼ばれます。おもしろい言い方としては、シンガポール英語のことをシングリッシュ（Singlish）と呼び、またインド英語に対してInglishと書いたりします。

音声にもそれぞれ特徴があるので、英語が達者な人でも、アメリカ英語は聞けるがイギリス英語は聞き取れない人がいます。「イギリス英語は別の外国語のように聞こえる」とさえ言う人もいるのです。

アメリカ英語とイギリス英語の一番わかりやすい違いは、carやteacherの最後のrを発音するかしないか、です。rを発音しないイギリス英語のほうが、日本人にとっては聞き取りやすいといわれることがあります。しかし、たとえば鎌田は、アメリカ英語ばかり聞く機会が多かったので、なまりの強いイギリス英語が異言語のように聞こえることもありました。

ここまで極端ではなくても、話される地域によって音声的特徴が異なるので、アメリカ英語、イギリス英語、オーストラリア英語などの中から、まず自分の目的に合った英語を選びます。そして、「耳に入ってくる音声に身をまかせる」訓練をする間は、その英語に的を絞ってリスニングの練習をしましょう。

よって、リスニング教材を購入する際には、音声を吹き込んでいるネイティブ・スピーカーの国籍を必ず確認してください。

（3）シャドーイングで耳と口を同時に鍛える

ついていけないのは「速いから」ではない

リスニングができない時は、とにかく「英語が速くてついていけない」と感じてしまいます。実際に、英語が聞き取れない最大の要因は、lとrの聞き分けができないことではなく、スピードについていけないことなのです。そして、スピードについていけない原因は、英語特有のリズムにあるのです。

「スピードについていけない」というのは、単純に「速すぎる」こととイコールではありません。それぞれの言語には特有のリズムがあり、日本語を話す時のリズムと英語を話す時のリズムは、大きく異なります。そのため、英語のリズムに適応できていないと、たとえ英語を〇・八倍速でスロー再生したところで、うまく聞き取れないものなのです。

ここでは、英語のリズムを身につけるための最良の訓練法「シャドーイング」を紹介しましょう。

日本語を話すアメリカ人のまねをして英語を話してみよう

英語は日本語と違って、文中で強く読む部分と弱く読む部分とがはっきりとしています。すなわち、強・弱・強・弱・強……と周期的に繰り返されるという特徴があります。

大きな声で読む部分と小さな声で読む部分が交互に現われ、日本語にはない英語特有のリズムを生み出しているのです。こうした強と弱を繰り返すリズムは、単語単位でも、また文単位でも現われます。

しかも、この強弱はスピードとも深く関係しています。強く読む部分はゆっくりと、また弱く読む部分は速く読まれるのです。こうしたリズムに慣れていない日本人は、音声のペースをつかみづらく感じます。この結果、どこからどこまでが一つの単語なのかが、判別しにくくなるのです。

こうした強弱リズムを理解するために、日本語を話すアメリカ人をちょっと想像してみてください。その人がどんなに日本語が上手でも、体に染みついた英語の強弱リズムを完全に払拭《ふっしょく》するのはむずかしく、日本語にはない強弱リズムを勝手に加えてしまいます。

たとえば、「私はアメリカ人です」と言う時には、「た」と「メ」を日本語としては不自然なほど強く、ゆっくりと発音するでしょう。「わたーしは、アメーリカ人です」となるのです。もし皆さんが、「日本語を話すアメリカ人のものまねをしてください」とお願いされたら、きっと同じ口調で話すと思います。

このような、ものまねをする時のリズムが、英語の強弱リズムなのです。したがって、英語をネイティブっぽく話したいならば、日本語を話すアメリカ人のものまねをしているつもりで英語を話せばよいのです。なんともややこしい話になりましたが……。

リスニングの際にも、このリズムに慣れることが一番の課題となります。一方、日本語は強弱リズムを持たないため、頭ではわかっていても、なかなか耳が順応してくれません。野球でいうと、剛速球とスローボールを交互に投げられて体が反応できないような感じです。

そこで、強弱リズムを体で覚えるために、ただ聞くだけでなく、同時に口を動かして発音する訓練をします。それが「シャドーイング（shadowing）」の方法論です。オリジナル音声に、影（シャドー）のようにぴったりくっついて追いかけることから、こう呼ばれています。

ひたすら聞こえた音を繰り返す

シャドーイングは、必ず音声付きの教材を用いて練習します。方法はいたってシンプルです。

流れてくる音声を聞いて、ネイティブ・スピーカーの発音やリズムを、正確にまねしながら発声します。ここでのポイントは、再生中の音声を止めないことです。流しっぱなしの音声を、一秒ないし二秒遅れでそのまま繰り返すのです。音声を聞きながら、同時に、遅れずに発声をしてください。

ただし、スクリプト（印刷された本文）は見てはいけません。また一時停止もしません。音声をスタートさせたら最後までノンストップで、何も見ずにひたすら聞こえてくる音声を繰り返すのです。

なお、訓練初期の教材としては、時間が一分以内のものがよいでしょう。ネイティブの音声をきちんと追いかけることが目的なので、途中で言いよどんでしまっても、直後に聞こえてきた部分から繰り返しましょう。停止ボタンを押さないことがポイントです。

いま、「発音やリズムを、正確にまねしながら」と書きましたが、最初は英語特有のリズムに慣れることが先決です。したがって、発音にまで気が回らない場合は、聞こえてくる音声の強弱をまねることに、まず意識を集中させましょう。

英語の強弱リズムを体得するためには、声を大きくしたり小さくしたりして発声してください。声の大きな部分はゆっくりと、また声の小さな部分はすばやく発声するのがコツです。大げさすぎるくらいでかまわないので、しっかりと声に出してみましょう。

具体的な注意点

以下には、シャドーイングをする際の具体的な注意点を述べておきます。

・三〇秒から一分の音声付き教材を用いる

最初に、三〇秒から一分の音声教材を、一カ月ほどかけて練習します。詳細な解説のついたスクリプト（音声の書き起こし）が用意されている教材を選んでください。そして発話のスピードや抑揚《よくよう》を、できる限りまねをしながら繰り返しましょう。

シャドーイングに慣れるまでは、三〇秒の音声がとても長く感じられます。まず、一つの題材を数十回繰り返し、一カ月程度の時間をかけて練習しましょう。そのうちに三〇秒が短く感じられるようになります。

なお、無料配信されているウェブ上のニュース番組では、スクリプトが公開されているものがあります。こうした教材を選んで、毎日ちがう文章でシャドーイングを行なうのもよいでしょう。

たとえば、「CNN Student News」（CNNスチューデントニュース）は、アメリカの高校生向けに毎日配信されるニュース番組です。ここでは多彩なテーマが取り上げられ、クイズ等を交えながら楽しく解説しています。知的好奇心を満たすという意味でも、優れた教材と言えます。

・英文構造や単語の意味を完全に理解してから始める

シャドーイングで用いる文章の選び方には注意点があります。英文の細部まで理解したものを用いて練習しないと、効果が半減してしまうのです。

よって、シャドーイングを始める前に、辞書を使っててていねいに英文を読み込んでおきましょう。全訳や解説のついているリスニング教材であれば、ここでかかる時間を短縮することができ、シャドーイングに集中して取り組めます。

・内容に共感できるスピーチを選ぶ

オバマ大統領やキング牧師、スティーブ・ジョブズ氏のスピーチなどを使用するのもお勧めです。TED《テッド》というサイトでは、各界の著名人による一流の英語スピーチを無料で視聴することができます。

この中には、日本語字幕や英語字幕を表示できるスピーチもたくさんあります。お気に入りのスピーチが見つかったら、その一部をシャドーイング教材として活用してみましょう。

たとえば、アメリカ合衆国の元副大統領アル・ゴア氏の「気候危機の回避」というスピーチは秀逸です。地球温暖化というシリアスな内容にもかかわらず、聴衆の心をつかむためにいろいろと工夫がされています。トークの最初に聴衆を繰り返し爆笑させるところなど、必聴の教材です。

・自分の声を録音する

最近は、ICレコーダーや携帯型音楽プレーヤー、スマートフォンのように、手軽に録音できる機器が揃《そろ》っています。これらを用いて、シャドーイングしている最中の自分の音声を定期的に録音してください。そして、オリジナル音声と聞き比べ、リズムが正しく再現できているかどうかを確認しましょう。

・リスニング教材

シャドーイングを軸にしたリスニング教材には、国井信一《くにいしんいち》・橋本敬子《はしもとけいこ》著『究極の英語学習法Ｋ／Ｈシステム　入門編』（アルク）という好著があります。シャドーイングが英語力を向上させる理由と、その具体的な訓練方法が書かれています。

学習ステップを細分化し、ステップごとにていねいな指示を出していますので、今なにをすべきか、その訓練の目的は何か、を明確に把握できるでしょう。また、題材となる英文が完全に理解できるように、詳細な解説もついています。ややレベルの高い教材ですが、指示通りに努力を続けるとリスニング力も飛躍的に向上します。

part

B

話す技術のポイント

(1)「単語＋文法」では文を作れない

単語＋文法＝文？

次に、スピーキングの上達法について述べましょう。そもそも「言葉を話す」とは、どういう作業でしょうか。言いたいことが浮かんだ時に、適切な単語を文法規則に当てはめて配置し、文を生成しているのでしょうか？　実は、そうではありません。

私たちが日本語を話している時も、文章をゼロから生成しているのではないのです。言いたいことが高速で口をついて出てくるのは、あらかじめ頭の中に蓄えられている文章を再生しているからです。

そして、聞き手がそのスピードについていけるのも、聞こえてくる文と似た構造の文を今までに大量に聞いたことがあり、そのパターンが頭の中に入っているからです。つまり、頭の中にある文の単語を置き換えながら、同じ「構造」の文として理解しているのです。

私たちはこのことを、自分の授業を録画することによって知りました。二人とも、自分が行なった講義を再生しながら、話した内容を客観的にチェックしています。そこで語られている言葉を分析してみると、自分たちは頭の中で一部の語を入れ替えながら、「新しい文章」を縦横無尽に作っていることに気づきました。

言葉を話す行為は非常にクリエイティブですが、実際にはいくつかのパターンを上手に繰り返している、とも言えるのです。頭の中に蓄積されている複数の文章をつなぎ合わせながら、まったく新しいオリジナルな話を組み立てているのです。

英文を「ストック」しよう

次に、どのようにすれば効率的に英文を作ることができるか、について考えてみましょう。まず、単語と文法を頭に入れておいて、その場で文を作成するようにすれば、暗記量が少なくて済みそうに思えます。実際、英文を暗唱するよりも、英単語を覚えるほうがずっと楽です。

ところが、現実にはこの方法は役に立ちません。具体的な文章を丸ごと覚えておき、それを「再生」するほうが、はるかに効果的なのです。

もちろん、頭の中にある文とまったく同じ文を使う場面はないかもしれません。しかし、一部の単語を入れ替えたり、ちょっとした表現を追加しながら、文を「再生」するほうが、ずっと実践的です。したがって、英語を話すためには（また書くためにも）、頭の中に英文をたくさん「ストック」しておくことを、私たちは最初に勧めます。

一例を挙げてみましょう。

make という基本動詞には、「（人や物）を～にする」という使い方があります。この用法を覚える時に、たとえば、

The news made Tom happy.（その知らせがトムを幸せにした）

という文で覚えることを勧めます。というのは、このほうがはるかに記憶に残るからです。なお、この時に過去形の made はそのまま、また固有名詞の Tom は Tom のまま、で覚

えましょう。

そして、「その映画を見たら、君も幸せな気分になれるよ」と言いたい時には、必要な語句を入れ替えて（news→movie・Tom→you）とします。

また、「幸せな気分になれる」ことが実現する時間が未来なので、未来の will を用いて（made→will make）とします（ちなみに、英文法ではこのことを「時制」と呼びます）。

すなわち、

The movie will make you happy.

となります。

ところで、この用法を覚える時に、よくするように、記号を用いて「make A B＝AをBにする」と公式化して頭に入れてはいけません。

というのは、make A B という公式を覚えただけでは、頭が働かないからです。実際、公式に単語を当てはめて文を新たに組み立てるよりも、ストックしてある英文を変えてゆくほうが、ずっと速く作文できます。しかも、自信を持って英文を作ることができるのです。

なお、外国語で会話するという慣れない行為をする時には、それ相応の準備をしておくようにします。そもそも「話す」とは、自分から相手に対してリアルタイムでコミュニケーションを取る能動的な行為です。ここでは「頭の中で公式を運用する」などという迂遠《うえん》な作業は、できるだけ省きたいのです。

これに関しては、横山研治《よこやまけんじ》著『英語は突然うまくなる』（プレジデント社）が参考になります。「眠っている英語力を目覚めさせるリハビリテーション・メソッド」と銘打たれた短文復唱トレーニングで、今ある英語の知識をうまく活用する方法を伝授しています。

まえがきに書かれた「あなたの英語力はゼロではありません。（中略）いくら英語ができないといっても、ギリシャ語やスワヒリ語ができないというレベルとは比較にならないほどの差があるはずです」という言葉に勇気づけられます。

(2) 本当に使える英文とは

自分について語る英文を覚える

さて、具体的に短文を覚えることを勧めましたが、例文を片っ端から覚えていくのはなかなか大変です。本に載っている例文の内容が実用性に乏しいことも多く、また例文同士のつながりもありません。それに、覚えるならばなるべく、そのまま使える実用性の高い英文にしたいものです。

そこでお薦めするのが、「自分について語る英文を覚える」という方法です。ネイティブ・スピーカーと会話をする時に話題になりそうな身近なトピックを題材にした英文を事前に用意しておくのです。たとえば、自分の趣味や経歴、特技など、一番関心がある分野のテーマで、あらかじめ英文を作成してみます。

このように自分を語る文章を作成するあたりから、英語学習が本当に楽しくなります。参考書の文例や人が集めた単語集を覚えるのではなく、世界に一つしかない自作の英文を推敲《すいこう》し、彫琢《ちょうたく》するのです。

具体的には、井上久美、クリス・フォスケット共著『英語手帳』（IBCパブリッシング）を活用してみましょう。これが類書と異なるのは、スピーキング力の向上を目指している点です。

この本のプロデュースにかかわった神田昌典《かんだまさのり》氏が、ある時「自分の人生をすべて語る」という趣旨のインタビューを受けたことがありました。これまでの人生を語ったところ、ほんの三時間半で語り尽くしてしまい驚いたそうです。彼はこう書いています。

「なんと薄っぺらい人生だったのか。愕然《がくぜん》としましたよ。ですが、そのときにハッと気づいたことがあります。私たちは生きていることを通じてさまざまな体験をしていると思っていますが（中略）、ぎゅっとまとめてしまえば、CD三枚分ぐらいにしかならないんだということです」（二〇一〇年度版『英語手帳』まえがき）

もし自分の人生がCD三枚に収まるものならば、それを英語化して覚えてしまうことも可能だろう、と彼は考えました。

そもそも、初対面の外国人といきなり政治について議論することは、まずありません。家族、趣味、夢といった自分にまつわる身近なトピックが話題の中心になるのだから、言いたいことを事前に準備して覚えておこうというわけです。

著者はこう語ります。

「英会話教本で他人のセリフを覚えても、自分のセリフが白紙のままならしゃべれない。自分のセリフを持っているからこそ、即興の会話もできるようになる」

ちなみに、『英語手帳』では、「舞台にあがるまえに、言いたいこと＝セリフを覚えて」おこう、と表現されています。ここで「舞台にあがる」というのは、本番を迎える、つまり実際にネイティブ・スピーカーと英語で会話することです。その会話を想定して台本を作り、その時に使えそうな文章を覚えておくとよいのです。

「セリフ」の作り方

この手帳では月ごとに、Family（家族）、This is Who I Am（自己紹介）、Connect（つながろう）、Letting Go（身軽になろう）などといったテーマ設定がされています。毎月、テーマに関連した日本語エッセーと、日常会話で使える単語やフレーズが配置されているのです。

そして各月の最終週には、英語の質問と回答欄が用意されています。

たとえば、

What dreams are you aiming at right now?（あなたが今、目指している夢は何ですか？）

How do you feel about your work?（仕事についてどう感じている？）

Which family member has most influenced you? Why?（家族の中であなたにもっとも影響を与えたのは誰ですか？　それはどうしてですか？）

のような、「夢」「仕事」「家族」などに関する質問が中心です。

それらに対する自分の答えを英語で書くことで、自分のセリフをストックしていけるようになっています。

もし、うまく英語で答えられない場合は、毎回三種類の回答例がついています。これらを参考に（もしくはそのままの形で）、自分の回答を作ればよいのです。

また、日々のスケジュール欄には、「毎日の単語」として、エッセーに関連する英単語が紹介され、毎日一語ずつ覚えるようになっています。ここで覚えた単語を使って、最終週の質問に対する回答を作成することができます。

『英語手帳』は英語学習を目的としていますが、手帳としての基本機能をすべて備えており、ごく普通のビジネス手帳としても役立ちます。

近年、英語で手帳や日記をつけようという趣旨の本がはやっていますが、いきなりすべてを英語で書くのはちょっと敷居が高いのではないでしょうか。その点、この『英語手帳』は日本語が満載で、日本語で記入しながら使うことができます。こうした手帳を、スピーキング力の向上のために活用してみてください。

(3) 十八番《おはこ》の文例集を持とう

音読筆写で英文をストック

自分について語れるようになったら、今度は自分の関心に合わせて英文ストックを増やしていきましょう。

「話す技術」というと英会話集を想定されるかもしれませんが、最初は自分が関心のある分野、また仕事に関連する分野の記事を覚えていきます。たとえば、英字新聞・雑誌の中から、「経済」「教育」「映画」などに絞って選んでゆくのです。

英文を読む訓練としてすでに扱った文章から選ぶのもよいでしょう。こうした中から内容が気に入ったもの、自分のセリフとして取り込みやすいものを覚えます。

もし記事全体を覚えるのが大変なら、その記事の一部や、特に使えそうなワンフレーズだけを抜き出して暗記するのもよいでしょう。

ここでは、第4章で紹介した「音読筆写」で用いた英文を使ってもかまいません（146ページ参照）。つまり、英文読解の訓練をしながら、ついでにその英文をスピーキングの材料にしてしまうのです。

さらに、音声教材が用意されていれば、シャドーイングも繰り返してみましょう。ここで、自分が雑誌のインタビュー取材を受けているイメージで話すことができれば、効果は倍増します。

十八番の文例集を作る

自分が気に入った記事からは、自分だけの十八番《おはこ》の文例集を作ります。スクラップするなり、パソコンに入力してデータ化するなりして、少しずつ蓄積するのです。こうしたストックをときどき見るのはとても気分の良いもので、モチベーションが上がってきます。

ちなみに、この十八番文例集は、音読筆写によって頭に入れた後も、折を見て眺め返します。さらに、スキマ時間を見つけて音読するようにして、できる限り時間をかけて触れ続けるようにしてください。

こうした文例集は、自分が英語を話す時の大きな財産になります。頭に入っている英文の単語を入れ替えたり、前半と後半を別々の文からつなぎ合わせたりすれば、英語が楽にどんどんと口をついて出てきます。

なお、この文例集は自作とはいえ、もともとネイティブの書いた文章をもとにしています。よって、「必ずこの英文は通じる」と自信を持って、堂々とスピーチやディスカッションを行なうことができるようになるでしょう。

第3章で紹介した伊藤和夫先生は、自分の文例を七〇〇持っていました。『基本英文700選』（駿台文庫）がその集大成ですが、現在では音声CD-ROM付きのものが入手できます（『新・基本英文700選』という新版です）。

かつて、伊藤先生の授業では、

525番っ！

I shall buy this house on condition that you sell it to me a little cheaper.

などと、伊藤先生の口からは番号とともに英文がスラスラと出てきたのです。その後で文法に関する詳細な、かつ見事な説明があったことを、鎌田は今でも鮮やかに覚えています。『基本英文７００選』を暗記することで難関大の英語入試を突破した友人が何人もいました。こうした自家薬籠中《じかやくろうちゅう》の文例を少しずつ増やしてゆくことが、英語上達の早道なのです。

英会話集の使い方

スピーキング力向上の教材として用いられる英会話集に関しても述べておきましょう。市販の英会話集は、一冊丸ごと覚えることはせず、必要な箇所を抜き出して活用するようにします。

たとえば、トラベル英会話集では「空港で」「レストランで」など場面ごとにセリフを集めています。これらは、海外に本を持っていき、直前に瞬間記憶して使うのがよいと思います。また、ポール・ノラスコ著『仕事の英語 緊急対応マニュアル 電話・メール編』（旺文社）は、「転送するので待ってください」など電話で使える表現を見やすくまとめています。英語で電話応対する人は手元に置いておくと便利です。

話す技術を向上させる目的でいうと、使用頻度の高い会話の「合いの手」がもっとも効果的です。これについてくわしく説明してみましょう。

「合いの手」を覚える

ネイティブ・スピーカーと話をしている時に、簡単な相槌《あいづち》が打てずにもどかしい思いをした経験はありませんか。「へー、すごいね」「なるほど」「そうかな?」「そうそう!」といった短いひと言を自然に言えるようになると、会話がグンと弾みます。

しかも、こうした合いの手こそ、そのままの形で何度も繰り返し使える、まさに会話の「万能選手」なのです。私たちが日本語を話す時にも、相手の話に相槌を打つ際には口癖のように繰り返しているフレーズがあるものです。

友人と話をしている時に、お互いがどのような相槌を打っているかを観察してみるとおもしろいでしょう。人それぞれ、お決まりの相槌のようなものがあるはずです。

英語でもまったく同じです。会話集の中から気に入った「合いの手」を十数種類ほど選び出して覚えておくとよいでしょう。

たとえば、沼越康則《ぬまこしやすのり》著『ネイティブ500人に聞いた！日本人が知らない、はずむ英会話術』（アスキー・メディアワークス）は、英会話を弾ませることを目的にした本です。筆者がアメリカで五〇〇人以上のネイティブ・スピーカーに街頭で取材し、使っていることを確認した表現のみを掲載しています。その証拠に、文例には街頭で協力してくれた人の名前が記載されています。

特に、友人とのくだけた会話で使える文例が豊富で、「本気で？」（Are you serious?）、「そのくらいなら、まだましだよ」（It could be worse.）、「ジャジャーン！」（Ta-dah!）、といった表現が満載です。

ちなみに「へー、すごいね」（Wow! Amazing!）、「なるほど」（I got it.）、「そうかな？」（Is that true?）、「そうそう！」（You said it.）、とそれぞれ言えばよいでしょう。こうした合いの手を上手に使えると、英会話そのものがとても楽しくなってきます。

第7章　英語学習を継続するために

（1）モチベーション維持の必殺技

やる気は減退して当たり前

私たちは二人とも英語力を高めるために、いろいろな学習法に取り組んできました。しかし、途中で挫折することも多く、自分の根気のなさを嘆《なげ》いていました。

ところが、ある時気づきました。やる気はもともとそう長くは続かないものなのです。最初の数日から数週間は意欲を持って取り組むことができても、だんだんと飽きてくるのが人間です。そのうちに「やる気は減退して当たり前」と開き直って割り切るようにしました。

そうやって開き直ることで、自分の気持ちが楽になりました。ここから「やる気が減退しても学習を継続するだけのシステムを構築してみよう」と、さまざまな工夫を開始したのです。たとえば、鎌田浩毅著『一生モノの勉強法』（東洋経済新報社、182ページ）では、「スランプが来たら抵抗するな」と説いています。

やる気が減退するのは自然なことですが、そうした中でも、簡単な道具やちょっとしたテクニックを使って、学習が途切れないようにすることは可能です。ただやる気に任せるのではなく、日々の学習を「システム化」し、その日の気分に左右されない安定した学習が続けられるようにするのです。

実は、私たちの出会いは、合理的な勉強法について意気投合したことにあります。かつて鎌田が高校生と父兄に向けて理系的学習システムについて講演を行なった時に、吉田が聴きに来ていました。

その後、夕食をともにしながら話をしてみると、二人が英語勉強法に関してきわめて近いメソッドを持つことに気づきました。そして、この勉強法を一冊の本で公開しようと企画を練り始めました。こうしてできあがったのが本書なのです。

「完璧主義」を捨てよう

さて、学習の停滞を避けるためには、まず「完璧主義」を捨てましょう。学習をしていると、よくわからない箇所が必ず出てきます。そういう箇所はいったん「棚《たな》上げ」して次に進みます。その後振り返ってみると案外たやすく理解できるということも少なくありません。

もちろん、あまり簡単に「わからない」と放り出していては勉強になりませんから、それなりの努力は必要です。その時には、「今日一日は理解できるように努力しよう。それで無理なら、明日からは次の章に進もう」と割り切って取り組むと気持ちが楽になります。

たとえば、前章までに述べたリスニングやシャドーイングなどのトレーニングの際に、繰り返してもうまくできない箇所や効果が実感できない箇所があるかもしれません。こうした場合にも、同じ心構えで臨んでみてください。

原稿執筆も同じ方策で

ちなみに、本書の原稿を書く時も、私たちは「棚上げ法」を活用しました。冒頭から順に完成させていくのではなく、行き詰まるたびに、次の章の草稿に取り組み始めたのです。

また、ほぼ完成している章を読み返して微修正を加えたり、推薦図書のリストを集めたり、といった別の作業を間にはさみました。こうして、原稿を少しずつ書き進めることによって、行き詰まりによるモチベーションの低下をうまく回避することができたのです。

特に、長い企画書などを作成する際には、「三脚法」が有効です。全体の構成を三部、三章、三節に分けることで、比較的楽に文章が書けます。つまり、カメラの三脚のように、最初に三本の足場を組んで、全体の構成を考えるのです。レポート作成やプレゼンテーションの準備の際にも応用できるので、ぜひ活用してみてください(『ラクして成果が上がる理系的仕事術』にくわしく解説しています）。

「まえがき」と「あとがき」を読む

たいていの学習書には「まえがき」と「あとがき」がついています。「まえがき」は、学習を始める前に、もしくは、書店で購入を決める前に、一度だけ読むもの、また「あとがき」は学習を終えた後で読むおまけ、と考えている方もおられるかもしれません。

しかし、この部分を繰り返し読むことが、やる気の向上と正しい学習法の点検に大いに役立ちます。「まえがき」と「あとがき」を読むというのは、私たち二人がもっともよく使うモチベーション維持の技《わざ》です。

たとえば、鎌田浩毅著『座右の古典』（東洋経済新報社）では、古典を読む際に「解説」や「あとがき」を先に読んで概要を把握することを勧めています。これとまったく同じ方法が、英語学習書の攻略にも当てはまるのです。

まず、「まえがき」には、「本書の使い方」とともに、著者がその学習書を作成することになった経緯が書かれています。さらに、英語ができるようになってもらいたい、という著者の熱い思いも記されています。「まえがき」を読むたびに、「このやり方で間違いない。必ずできるようになるぞ」という気持ちになるのです。

また、「あとがき」には、学習が終わり英語が上達した読者に向けて、さらなる学習のアドバイスが記されています。そうした「あとがき」を読むことで、できるようになった自分を想像し、「早くこの域に達したい」と思えてきます。言わばイメージ・トレーニングをここで行なうのです。こうした工夫は手間をかけずほんの数分で、毎日でも実践できるものです。ぜひ試してみてください。

「教材のせい」にしてしまう

それでも学習の継続が困難に感じられる場合は、思い切って別の教材に乗り換えるのも一法です。モチベーションの低下と言っても、英語ができるようになりたいという思いは変わらないでしょう。ただ、なぜか目の前にある教材に手が伸びない、という場合がほとんどだと思います。

英語を勉強しようという努力はとても大切ですが、自分に合わない教材を使っていたのでは、その努力に見合った効果は出せません。こういう時は、英語に対する熱意があるうちに、思い切って教材を替えてみましょう。

確かに、一冊の教材を根気をもって仕上げることは重要です。しかし、今ひとつ前向きに取り組めない場合は、教材のレベルが自分に合っていない可能性があります。

あらゆる分野の学習者の中でも、英語学習者は特に恵まれていると思います。辞書・参考書・問題集・単語集から音声教材や学習指南書にいたるまで、あらゆるレベルの、しかも安価な良書が数え切れないほど書店にあふれています。さらに、フランス語や中国語など他の言語と比べても、英語の教材は圧倒的にバリエーションが豊富です。

人付き合いと同じで、書物にも相性の良し悪しがあります。よって、評判の良い書籍が自分にはピッタリこない、ということも十分起こりえます。そんな時は、使いこなせなかった自分を責めることなく、気楽な気持ちで類書を求めましょう。

この点は、本書で薦めている教材に関しても同様です。私たちは長年の経験から、自信を持ってベストのものを取り上げました。それでも、人には向き不向きがあるものです。

次の一冊を選ぶ時には、レベルや分量、構成を確認すると同時に、「まえがき」と「あとがき」を読み、英語学習に対する著者の理念や思いを感じ取ってください。必ず「これだ！」と思える教材に出会えるでしょう。英語に対する思いが再び湧《わ》き上がってくるような新しい教材を、ぜひ選び直してみてください。

（2）勉強を継続できる学習管理法

手帳に学習記録をつける

英語の学習を継続していくためには、「進捗状況」を記録していくことがとても大切です。と言っても、ここで凝《こ》る必要はまったくありません。普段使っている手帳の月間カレンダーのページに、日々の学習項目を記入していくだけでもかまいません。

たとえば、週の初めに各曜日の学習目標を小さな字で書き込みます。さらに、毎晩その日に達成した内容を書き足すのです。

たとえば、月曜日・水曜日・金曜日に文法問題集をするなら、それぞれの曜日の欄の隅に小さな字で「文」と書くだけです。

目標の項目を鉛筆で薄く書き、実際の達成項目をその上から色ペンで重ね書きするのもよいでしょう。達成記録といっても、具体的な内容を細かく記す必要はありませんから、数秒で完了します。

そして毎週末には達成した内容を見て、どれだけ頑張ったかを確認します。そしてすぐさま、翌週の達成目標を鉛筆で書き込むのです。

ここでのポイントは、決して欲張らないことです。特に、十分な学習時間を取れなかった翌週は、遅れを取り戻すために、ついつい無理な計画を立てがちです。しかし、予定を立てては達成できずに終わる、という悪循環に陥らないことがもっとも肝要なのです。

そのためにも、現実的に確保できそうな時間をもとに学習計画を立てましょう。週間目標を達成することで小さな達成感を得るのも、モチベーション維持の大事な要素です。

また、毎日必ず「予定」を確認することも大切です。学習記録は常に目に触れるように、普段使っている「手帳に書く」のが一番だと思います。ビジネス手帳なら、一日に何度も目にすることになります。仕事のスケジュールを確認するたびに、英語の学習予定を頭の片隅に入れておくことができます。

なお、ここで「書き込む」ことを強調しているのは、書く作業によって自分の無意識にも深くインプットされるからです。第5章で「時間が取れない日は、単語集の表紙を触るだけでもよい」（163ページ）と述べましたが、同様の効果を狙《ねら》っています。

このように、手や五感を積極的に使いながら「体」で覚えることによって、学習の効率を高めることができるのです。こうした方法論は心理学的にも有効性が確認されているので、

図4：手帳に学習記録をつける

	19（月）	20（火） ⑩ 20	21（水）	22
	26（月）	27（火）	28（水）	29

（例）8月20日（火曜日）の学習項目：
単語学習10分＋リスニング20分の記入例

英語勉強法にもぜひ活用していただきたいと思います（くわしくは『座右の古典』東洋経済新報社刊を参照してください）。

所要時間数秒でバージョンアップ

複数の分野の学習を同時に進めている場合は、学習項目を記入する際に、分野ごとの時間や進捗状況を記しておくのもよいでしょう。具体的には、単語学習とリスニングトレーニング、英字週刊誌の購読と発音矯正などです。

ここでも、手間をかけずに、ごく簡単に記録できるよう工夫しましょう。たとえば、火曜日の学習目標が「単語学習一〇分、リスニング二〇分」だとします。単語学習の時間をマルで囲んだ数字で記入し、リスニングの時間を下線を引いた数字でその日の欄の隅に記入しましょう（図4）。

所要時間たった数秒の工夫で、分野別の学習時間がわかります。さらに、複数の色ペンを使い、分野ごとに色を変えて一目でわかるようにするのもよいでしょう。日々の学習内容や時間を手帳に記録しながら、自分の学習過程をきちんと管理するのです。

「勉強報告会」というシステム

英語の勉強は基本的に一人で行なうものですが、仲間をつくって効果を倍増させる方法もあります。彼らと定期的に学習報告会をするのです。万が一くじけそうになっても、志《こころざし》を同じくする仲間と励まし合いながら学習を継続することができます。

この場合にも凝った報告会にはせず、ごくシンプルに勉強の進捗状況を語り合う集まりにしましょう。たとえば、各人が進めた学習内容を正直に話し、それに対する感想やコメントを述べ合うだけで十分です。

コメントは、「文法問題集を何ページまで仕上げた」「英文記事がずいぶん早く読めるようになった」「次回ＴＯＥＩＣで六〇〇点を超えてみせる」など、できる限り具体的で前向きなものにしましょう。

なお、こうした報告ならば、実際に会わなくても携帯電話のメールやウェブ上のやりとりで気軽に実行できます。

もし、実際に会って話す時間が確保できるなら、使っている教材を持ち寄って見せ合いましょう。友人がこなしたページを実際に見せてもらうと、「自分も頑張ろう」と新たなやる気が生まれるでしょう。報告だけで終わるのがもったいなければ「報告会兼勉強会」にして、一時間だけでも同じ空間で共に勉強するとよいと思います。

この時に、新しく教材を用意して一緒に進めるのも一法ですが、同じ内容を勉強するのではなく、時間を共有するだけでもＯＫです。それぞれが自分のペースで学習を進めていても、そばで真剣に勉強している仲間の姿が、自分の集中力とやる気を高めてくれるのです。

報告会でもっとも大切なことは、次回の報告会の予定を決めることです。できれば、参加者が次回まで「何を」「どれだけ」学習する予定かを宣言します。

たとえ「予定」であっても、自分で口に出して友人に聞いてもらうだけで、高い目標も達成することが可能になります。仲間の頑張りを確認して勇気をもらい、自分の頑張りを約束してやる気を高めるのです。こうした報告会を気の合う友達と開催することによって、必ずモチベーションは上がってくるのです。

たとえば、鎌田は、大学四年生の時にこうした報告会を作りました。国家公務員上級職（現在の国家総合職）試験合格のために、法学部の友人と毎週三時間くらい取って、私が彼に理系の問題を解説し、彼が私に文系の問題を解いてくれました。人に教えることで自分もたいへん勉強になることを、この会で知ったのです。

「テスト会」を開催する

さて、報告会よりさらに学習意欲を高める「テスト会」というシステムも紹介しておきましょう。

これは文字通り、定期的に集まってテストを出し合う催《もよお》しです。単語テストを例に挙げて説明してみましょう。

テスト会には各人が現在使っている単語集を持参します。といって、全員が同じ単語集を使う必要はありません。自分の英語力に応じて好きな単語集を使い、出題範囲は単語集を持っている人の自己申告とするのです。

「テスト会」が始まると、お互いが相手の単語集を借りて、その場で相手用の即席テストを作成します。

たとえば、自分が単語集Aを使い、一番から一〇〇番を学習してきたとします。テストを行なってもらう相手のB君に自分の単語集Aを渡し、「この単語集の一番から一〇〇番の中から、日本語を見て英単語を解答する形式のテストを作成してください」と言います。

もちろん、逆に英単語を見て日本語を解答する形式でもかまいません。また、出題数も任意で、テスト会を行なえる時間に合わせて決めればよいのです。同様に、相手のB君が使っている単語集Bを借りて、相手の要望に合わせたテストを作成します。

このようにテストの出題内容を伝え合った後、紙に英語または日本語を一〇個から二〇個くらい書き出します。こうして単語集Aと単語集Bをもとに、自作の立派な単語テストが二種類できあがります。それを相手に渡し、相手からは自分用の単語テストを受け取り、よーいスタート。ほんの一〇分もあれば「テスト会」が開催できます。

テスト用紙は真っ白なコピー用紙でも十分ですが、日付欄、氏名欄、得点欄、解答欄などのフォームをあらかじめ決めておくとよいでしょう。こうすると一層本格的なテストの雰囲気が出て、とても盛り上がります。また、時間をやりくりして次回も集まるモチベーションを上げるためにも有効なのです。

工夫次第では、英単語や熟語以外でもこうした「テスト会」が実施できます。第6章で紹介したように、文例集や会話表現を覚えている時期なら、相手に口頭で出題してもらい、口頭で解答する形式でテストを行なってみるとよいでしょう。

さらに、文法でも「テスト会」を実施してみましょう。「文法テスト会」では、対戦相手に、「この問題集の一〇ページから二五ページ」のように、学習してきたページを伝えます。相手はその中から一ページを選び、コピー機でコピーするだけです。もし、一ページに掲載されている問題数が多い場合は、相手に調整してもらいましょう。

ちなみに、第3章で紹介した「捨て問題集」を使って書き込みで学習している場合は、コピーで問題作成をすることができません。しかし、「捨て問題集」はもともと安価ですから、同じ問題集をもう一冊購入し、表紙に「テスト用」と大きく書いておくとよいでしょう。直接書き込んで解答できますので、コピーをする必要がなくなります。

近くに英語学習仲間がいる場合は、学習時期やレベルに応じて、さまざまな「テスト会」をぜひ試してみてください。

第8章

英語学習のための必須グッズ一〇選

part

A

英語学習の必需品

前章まで、さまざまな視点で英語学習の「コツ」について述べてきました。本章では、実際に学習を始める際に手元に揃えておくべきグッズを具体的に紹介しましょう。電子辞書や文法書などの必需品の五項目と、あれば便利な「優《すぐ》れもの」の五項目の合計一〇項目です。

①電子辞書

効率的な英語学習には、電子辞書が欠かせません。タッチパネルを搭載していたり、テレビを見られたりと高性能な電子辞書がたくさんあります。常に手元に置いて気軽にひけるように習慣づけてほしいと思います。

私たちは、ふと気になった単語は、その場でひくようにしています。電車のつり革につかまっている状態でも、徒歩での移動中でも、です。ちなみに移動の途中で落としてしまう可能性がないではないので、常に携帯して一番よく使う電子辞書は、価格一万円以下のものにしています。

一般に、一台の電子辞書には複数の辞書が搭載されていますが、メインの英和辞典は単語の使い方（語法）にくわしい大修館書店の『ジーニアス英和辞典』シリーズがお薦めです。現在、この「ジーニアス」シリーズは、多くの電子辞書に標準装備されています。

さらに、単語や例文を実際に読み上げてくれる電子辞書もあります。発音機能付きの機種であれば、これを最大限に活用してみましょう。

基本的には電子辞書を一つ持っていれば十分ですが、パソコン上で起動させる辞書ソフトやウェブで閲覧できる辞書も数多く出回っています。自分がもっとも必要とする用途に合わせて、それぞれ使い分けるとよいでしょう。

最近はスマートフォンで使用できる電子辞書アプリも続々登場しており、片手で操作しやすく、内容も充実してきています。たとえば、第4章で紹介した『ジーニアス英和辞典MX』がお手頃価格で手に入ります。英和・和英辞典それぞれの最新版がセットになった『ジーニアス英和（第四版）・和英（第三版）辞典』もお薦めです。

さらに、辞書を内蔵しているパソコン用英語学習教材もあります。こうした教材が向いている方は、インターネットなどで内容をよく確かめてトライしてみるとよいでしょう。

②学習書

文法参考書・文法問題集

やり直し学習の初期にきちんと文法を習得するかどうかで、その後の伸びが大きく変わってきます。よって、文法参考書と問題集はぜひ書店で吟味《ぎんみ》して購入してください。大学受験用が種類も豊富で、もっともよくできています。

特に参考書は、これから長い付き合いになりますから、自分との相性も考慮して選びましょう。どの参考書を購入していいかわからないという方には、まず桐原書店『フォレスト』をお薦めします。

『フォレスト』は第3章でも紹介しましたが、それぞれの章がＰａｒｔ１からＰａｒｔ３に分かれていますので、最初は各章のＰａｒｔ１だけに目を通しましょう。

イラストを用いて各単元のエッセンスを非常にわかりやすく、しかも一ページ～四ページにまとめてくれています。一時間以内で全二四章のＰａｒｔ１を通読することができるでしよう。

次に、問題集としては、安河内哲也《やすこうちてつや》著『英文法レベル別問題集』（東進ブックス）がお薦めです。（1）超基礎編から（6）難関編まで六種類あり、非常に見やすいレイアウトになっています。（1）から（5）では、単元別に問題が収録されており、数章ごとにまとめの「中間テスト」もあります。

また、「捨て問題集」として活用する短期完成型問題集には、第3章で紹介した「書き込み式20日間完成シリーズ」（日栄社）の他にも、受験研究社の「トレーニングノート」というシリーズがあります。『トレーニングノートα英文法―基礎をかためる』『トレーニングノートβ英文法―実力をつける』などですが、いずれも書き込み式の使いやすいレイアウトです。各自の学習スケジュールの中で少し期間を置きながら、数冊を使ってみるとよいでしょう。

リスニング用学習教材

リスニング力を鍛える教材はたくさん市販されていますが、こちらは大学受験用よりも、一般向けの教材のほうが、はるかに種類が豊富で趣向が凝らされています。

まず、どの地域の英語かを考慮して選択しましょう。たとえば、仕事によってアメリカ英語かイギリス英語か、を選ぶのです。第6章で紹介した『究極の英語学習法K／Hシステム入門編』（アルク）の音声はアメリカ英語です。レベルはやや高めですが良書です。

また、自分のリスニング力がどれくらいのレベルかわからず、教材選択に迷う場合は、英語学習誌がお薦めです。第6章で紹介した『CNN English Express』は定評があります。幅広い読者層を想定した作りになっているため、一冊の中でレベル分けがなされており、自分に合う題材が必ず見つかります。

もし著名人のインタビューを教材にするなら、『ENGLISH JOURNAL』（アルク）がお薦めです。生のインタビューは多少むずかしく感じられるかもしれませんが、自分の関心のある人物やテーマであれば、繰り返し聞いても苦痛にはなりません。

なお、一冊にじっくりと取り組みたい場合は、月刊誌ではなく、隔月刊の『多聴多読マガジン』（コスモピア）や、季刊の『English Plus』（成美堂出版）がお薦めです。どちらも初級者から中級者が十分に読める内容になっています。『多聴多読マガジン』ではシャドーイングのトレーニングができます。「やさしい英語でスラスラ読める！」が謳《うた》い文句の『English Plus』は、ハリウッドスターが表紙を飾ることが多く書店でも目立っています。それぞれ一度手にとって中身をチェックしてみてください。

③単語集

旅行用、ビジネス用など目的別の単語集がたくさんあります。しかし、基本的な語彙力に不安がある場合は、まず大学受験用のオーソドックスな単語集を使用すると良いでしょう。

実際、大学受験用単語集にも、さまざまなレベルのものがあります。よって、書店で何冊かを手にとり、「まえがき」等を読んで自分に合った単語集かどうかを確認しましょう。

「難関私立大学受験向け」や「センター試験レベル」などという表記でピンとこなければ、その単語集の最初のページに掲載されている単語（スタートライン）と最後のページに掲載されている単語（ゴールライン）を見て、確認してください。

あまりに収録語数の多いものや難度の高いものは、避けたほうが無難でしょう。掲載されている単語の二割から四割はすでに知っているという単語集を選ぶのが、学習を継続させるコツです。

また、一語に対する情報量が少なく、どんどん前に進めるものが理想的です。たとえば、石井貴士《いしいたかし》著『1分間英単語1600』(中経出版)では、英単語一つに対して訳語を一つ与えており、紙面レイアウトも使いやすく工夫されています。短期間になるべくたくさんの単語を覚えたい方にはぴったりでしょう。

中澤幸夫《なかざわゆきお》著『話題別英単語リンガメタリカ』(Z会出版社)は、「グローバル化」「医療・生命倫理」などのテーマごとに単語をまとめています。大学受験用の単語集ですが、英字新聞を読む時などに大いに役立ちます。第5章で紹介したアルクの『ユメタン』シリーズのように、レベル別に複数出版されているものも、使いやすいと思います。

また、スマートフォンや電子単語カード「メモリボ」用に、単語学習ソフトを提供している単語集もあります。なお、『ユメタン』では、iPhoneやiPod touchで利用できる単語ゲームが無償提供されています。

④英字新聞・英字雑誌

読解力をつけるためには、ぜひ英字新聞や英字雑誌を読みましょう。最初は一つの記事を読むのにかなりの時間がかかります。したがって、すべてに目を通そうとはせず、気になる記事を拾い読みするだけでもかまいません。

最近発生した重大事件に関する記事や、特定のテーマに関する連載記事なら、初回の記事をていねいに読むことで関連する語彙が把握できます。こうしておくと、次回からの記事が格段に読みやすくなり、達成感を得やすくなるのです。

英字新聞や英字雑誌は、定期購読をすると大幅な値引きがなされることがありますが、最初は駅の売店等で一回ずつ購入するほうがよいでしょう。日刊の英字新聞であれば、月に一週間だけ購読するという方法を取れば、負担が大きくならずによいと思います。

日本の新聞社が刊行している英字紙としては、「ジャパンタイムズ」、「デイリー・ヨミウリ」などがあります。「デイリー・ヨミウリ」は国内一の宅配部数を誇る日刊英字新聞で、価格も安く宅配購読にお薦めです。

また、朝日新聞の英語版サイトから「朝日の時事英語」（月額525円）を購読すると、天声人語の日英対照版が毎日配信されます。ウェブ上で英語版天声人語のタイピング練習をする、というユニークなトレーニングも可能です。サンプル記事で体験できますので、「The Asahi Shimbun」で検索してみてください。

ちょっと背伸びをしたい方は、日本で売られている国際日刊紙に挑戦してみるのも良いでしょう。たとえば、「ヘラルド・トリビューン（International Herald Tribune）」は、パリに本社があり世界各国で発売される英字新聞ですが、「ニューヨーク・タイムズ」の記事も出ています。

英字雑誌なら、「タイム（TIME）」が定番ですが、初級者にはややむずかしいため、美しい写真が満載の「ナショナル・ジオグラフィック（NATIONAL GEOGRAPHIC）」がお薦めです。ビジュアルの美しさに圧倒され、「なんとしてもこの記事を理解したい」と思わせてくれます。私たち自身もそうなのですが、読みたいというモチベーションを喚起する雑誌が一番長続きするものです。

「ナショナル・ジオグラフィック」は掲載された写真の数々が英文の理解を助けてくれます。英語版と日本語版がありますので、両方を購読して照らし合わせながら読むのもよい勉強になります。

ちなみに、鎌田は二年間の米国留学中に、「タイム（TIME）」「ニューズウィーク（Newsweek）」「USニューズ・アンド・ワールドリポート（US News and World Report）」の三誌を毎週購読していました。この中に載っている日本に関連する記事だけは、欠かさずに読むようにしたのです。自分の知識が多い分野でこうした読み方をすると、効率的に読めるのではないかと思います。

気に入った記事を最初は「読み捨て」にせず、じっくりと時間をかけて読んでみてください。また、第4章でも述べたように「音読筆写」などで復習を繰り返しましょう。こうして読んだ記事が、読解力を向上させる最高の教材になるのです。

なお、英字新聞や英字雑誌はちょっと敷居が高いと感じる人には、ジャパンタイムズ社の「週刊ST」をお薦めします。幅広いジャンルの記事をカバーしており、英文には日本語の注釈がついているので、辞書なしで読み進めることができます。さらに英語学習者用に、日本語で書かれたコラムなども充実しており、無理なく読み続けられるでしょう。

他にも、「朝日ウィークリー（Asahi Weekly）」、「毎日ウィークリー（Mainichi Weekly）」、「ジャパンタイムズウィークリー（The Japan Times Weekly）」など、各新聞社から週刊英字新聞が発刊されています。

三紙とも「日本語脚注付き」となっていますが、「ジャパンタイムズウィークリー」は脚注が少なく、レベルがやや高めです。日本語の助けを得ながら英語を読みたい人には、「英字新聞」ではなく「英和新聞」と銘打っている「朝日ウィークリー」がよいでしょう。

また、ビジネス関連の英語に多く触れたい人には「日経ウィークリー（THE NIKKEI WEEKLY）」が役立ちます。いずれも、雑誌専門オンライン書店のFujisan.co.jpのトップページから「英字新聞・洋雑誌」→「English newspaper」と進んで検索してみてください。購読者のコメントも参考になります。

⑤携帯型音楽プレーヤー

今や携帯型音楽プレーヤーは、リスニング学習に欠かせません。音声教材をいつでもどこでも再生できる環境を、学習の最初に作り出しましょう。

私たちは二人ともマックファンで、アップル社のｉＰｏｄを使っています（ちなみに世界中の地球科学者には、画像の扱いやすいマックのファンが多いのです）。ポッドキャストというｉＰｏｄ用の番組が多数無料配信されていますが、英語学習番組もたくさん用意されているので重宝しています。

その中では特に、毎日配信される「CNN Student News」（ＣＮＮスチューデントニュース）という一〇分番組がお薦めです。これはアメリカの学生向けにニュースを解説する番組で、非ネイティブ向けの英語学習番組ではありません。

しかし、キャスターの英語が非常に聞き取りやすく、しかも、ユーモアを交えながらわかりやすく解説しています。ニュースの合間にはちょっとしたクイズがあったりと、飽きさせない工夫もあります。

こうした番組が英語学習者にとって優れているのは、一つのニュースを数日（時には数週間）にわたって継続的に報道している点です。日を追うごとに予備知識が増し、どんどん聞き取れるようになるからです。なお、アメリカの学校の夏休み期間（六月上旬～八月中旬）等は配信が停止されるので注意してください。

書店で一時間

文法書やリスニング教材、単語集などを選ぶ際には、大型書店の英語学習書コーナーで、一時間ほどたっぷり時間をかけてみましょう。この時間は決して無駄になりません。これからの英語学習を継続するためにも、書籍選びの六〇分を将来の自分に対する時間的投資だと考えてください。

先にも述べたように、教材を選ぶ際のポイントは、「まえがき」や「本書の使い方」といったページをよく読むことです。ここを読めば、対象としている読者のレベルや指導方針がわかります。また、著者の熱い思いが書かれている箇所でもあるので、「英語ができるようになりたい」「早く学習を始めたい」とモチベーションを上げるためにも役立ちます。

選書の際には、本のレイアウトや色使い、言葉遣いなどを重視するのも一法です。とにかく英語学習のモチベーションを上昇させるために役立つことは、何でも活用しましょう。

自分の現在の英語力・最終目標、また一週間に確保できる学習時間などを考慮に入れたうえで、じっくりと選ぶことがポイントなのです。

part B 学習を助ける便利グッズ

必需品の五項目に加えて、学習を助けてくれる便利グッズを五項目ほど紹介します。

⑥手帳

普段使っているビジネス手帳でかまいません。簡単な学習記録をつけるため、月間スケジュールのページに書き込みができる大きさのものが理想です。第6章で紹介したIBCパブリッシングの『英語手帳』シリーズもお薦めです。

また、ビジネスパーソンに人気のある『フランクリン・プランナー』というシステム手帳には英語版のシリーズがあり、毎日異なる偉人の格言に触れることができます。吉田は毎年、『英語手帳』と『フランクリン・プランナー』を併用しています。

⑦メモ帳（ミニノート）

メモ帳をいつもポケットに携行し、後で調べようと思う単語やこれは使えると思った表現などを即座に書き込みましょう。第5章で紹介したように、これはオリジナルの単語帳としても大活躍してくれます。たとえば、ダイゴー株式会社の『ジェットエース』というシリーズがお薦めですが、縦が約九センチでポケットに収まり鉛筆まで付いている優れものです。

また、電子単語カードは、ポケットに入るコンパクトさと操作性を兼ね備えているので便利です。電源を入れたり表示を切り替えたりする際のレスポンスがとてもよく、ストレスを感じさせません。ほんの数十秒の隙間時間を活用して単語を覚える際には、この操作性の良さは非常にありがたいものです。さらに、既製の単語集の電子版を利用し、オリジナルの単語集を作成することも可能です。

なお、専用機器を持たないで、スマートフォンに単語帳アプリをダウンロードしておくのも一法です。手軽に編集ができて、操作性のよい無料の単語帳アプリが用意されています。ちなみに、吉田はｉＰｈｏｎｅを用いて、「わたしの暗記カード」というアプリを使っています。出題順のシャッフルや重要度の登録・管理などもできます。

⑧ＩＣレコーダー

発音練習の際にはぜひ、自分の発音を録音して聞いてみましょう。会議や講演を録音するためにＩＣレコーダーを持っている人は、それを用いてください。最近は、携帯電話や携帯型音楽プレーヤーにも高性能の録音機能が付いている場合がありますから、これでもかまいません。

　鎌田はソニーのＩＣレコーダーを使っています。もともと音質が良く、録音したデータ（ＭＰ３形式）はパソコンでも簡単に利用できます。また、聞き直したい部分を切り出して、繰り返し再生するリピート機能があるので、リスニング内容の確認に便利です。こうした語学用の機能が付いた機種を選ぶとよいでしょう。

⑨洋画のＤＶＤ（またはブルーレイディスク）

　リスニング練習を楽しく、またモチベーションを高く保って継続するには、洋画（英語）の視聴が利用できます。第６章で解説したように、基本的にはリスニング専用の学習教材をメインにして、毎日トレーニングを続けます。これに加えて、趣味の一つとして洋画を鑑賞しながら、リスニング力のアップにつなげると良いでしょう。

　現在、さまざまなジャンルのＤＶＤやブルーレイディスク（ＢＤ）が販売されているので、自分の好みにあったものを選んでください。

たとえば、文法や単語を集中的に学習している時期に、息抜きを兼ねて洋画を見る方法があります。きっと「英語ができるようになりたい」という思いが強まることでしょう。

ただし、映画やドラマの英語は、リスニング用学習教材の音声と違って完全に「生の英語」なので、学習者への手加減が一切ありません。よって、もしよく聞き取れなかったと感じても、決して落ちこまないようにしましょう。

最初の頃は字幕付きで鑑賞しながら、一本の映画の中に一つか二つ、聞き取れるフレーズがあるだけでも十分です。聞き取れなくてどうしても気になるセリフがあれば、英語字幕を表示して確認することもできます。

また、書店には映画を題材にしたリスニング本（映画DVD付き）も数多く並んでいます。さらに、パソコンで映画を再生しながらリスニングを訓練するソフトも豊富に用意されています。

リスニング学習ソフトとしては、ソースネクスト社の『超字幕』シリーズの使い勝手がよく、またラインアップも豊富なのでお薦めです。インターネットで体験版を視聴してみてください。

ところで、最近出まわっているリスニング用学習教材を見るにつけ、私たちの過去の学習状況とは隔世の感があるとの思いをしています。昔は、字幕のオン・オフすらできないVHSのビデオテープを、キュルキュルキュルと何度も巻き戻しながら学習していたものです。以前は想像もできなかったような優れた教材が巷《ちまた》にあふれているので、これらを活用しない手はありません。

⑩英語学習支援サイト

インターネット上には英語学習を支援してくれるサイトがたくさんあります。厳密には「グッズ」ではありませんが、モチベーションアップに効果絶大ですので、ここで紹介しておきましょう。

語学出版社等の企業が運営しているサイトや、個人が趣味で開設しているサイトが目白押しです。こうしたネット上の英語学習関連ページを覗いてみると、学習のヒントが数多く取得でき、またやる気が増す情報も得られます。

普段使っているパソコン上のインターネットブラウザのトップページを、こうした英語学習支援サイトに設定しておきましょう。するとネットに接続するたびに、英語にまつわる新しい情報が目に飛び込んできます。「さあ今日も勉強しよう！」という気持ちが湧《わ》き上がってくるのです。

これは『ラクして成果が上がる理系的仕事術』では「呼び水法」と紹介しているテクニックです。一日を首尾良くスタートさせるために、勉強の「呼び水」となるような仕掛けを、前もって作っておくのです。

たとえば、アルクの英語学習総合サイト「スペースアルク」(http://www.alc.co.jp/)では、時事英語の単語を学習したり、ウェブ辞書を使ったりできます。このウェブ辞書は、英和辞典だけでなく語源辞典なども無料で使用でき、私たちも重宝しています。

また、ネット上の英語学習に関するコラムも、「呼び水法」として大いに役立つでしょう。「スペースアルク」のサイト内にある松澤《まつざわ》喜好《きよし》氏の「語源の扉」や「語源学習法」は単語力増強に役立ちます。

さらに、「英語タウン」(www.eigotown.com)という英語学習のポータルサイトにも、英語学習に関するさまざまな情報が集められています。それぞれネットで検索し、自分に合ったレベルのサイトをフォローしてみてください。

part
C
論理的思考力をみがく英語学習

英語学習上級編

さて、ここまで英語の「再入門」をテーマに、英語学習のさまざまな側面を取り上げてきました。最後に、さらに進んで学習を進めたい人や、上級者向けの「定番」良書を紹介しておきましょう。

まずは、本書で提示しているトレーニングを実践して、英語の基礎力を向上させてください。その後、これから紹介する書籍で、英語学習の奥深いおもしろさと「知的世界」を味わっていただきたいと思います。

新刊がよいか、定番がよいか

書店には、すでに英語学習関連の書籍があふれかえっています。それでも、文法に関しても、英文解釈に関しても、英作文に関しても、毎年数えきれないほどの新刊書が発行され、さまざまな工夫を凝らした良書が生まれています。

また、学習者のあらゆるニーズに応えるべく、特定の目的のための英語教材も多数開発されるなど、日本の英語学習者はきわめて恵まれた環境にいます。たとえば、理工系研究者を目指す大学生を対象にした「理系英語シリーズ」や、医療従事者のための「医学英語シリーズ」があります。鎌田は『理系たまごの英語40日間トレーニングキット』（アルク）に参加していますが、こうした教材の進歩にはめざましいものがあります。

一方、そうした中でも、同じ書棚に数十年前に刊行された歴史ある英語教材がたくさん並んでいることを、ご存じでしょうか。

これだけ続々と英語関連本が発行されるのだから、英語教育は日進月歩の変化を遂げているのかと思いきや、昔からの良書はしっかりと残っているのです。実は、新刊の学習書で、あたかも最新の知見のように（つまり著者の新発見のように）書かれている事柄が、昭和初期の書籍ですでに述べられていたりするのです。

また、英文解釈用のきわめて良質な例文が、実は五〇年も前の問題集に掲載されたものと同一だった、ということもよくあります。確かに、英語そのものの表現はここ百年ほど変わっていないので、名文はいつの時代にも名文です。何事においてもサイクルの速い現代で、英語教材の世界では数十年にわたって愛されている「定番」が数多く存在するのは、驚くべきことと言えましょう。

英語学習を通じて先人に学ぶ

文法や英文解釈は、偉大な先人たちが長い年月をかけて研究し、分析してきました。英語に潜《ひそ》む論理構造を見つけ出し、それを体系立てながら築き上げてきたものです。

彼らは具体的に「英語の文法はこうなっている」「英文はこのように読むとよい」と私たちに指南してくれました。これがなければ、私たちは、闇雲《やみくも》に英文を読みながら、自力で文法や読み方を見つけ出さなければならなかったでしょう。すなわち、英語学習はきわめて非効率なものとなり、その習得はほぼ不可能となっていたことでしょう。

私たちは、多くの先人たちの恩恵に浴しているおかげで、効率よく英語を学ぶことができるのです。本書で私たちが紹介した学習法も、こうした先達の教えを噛《か》み砕き、取捨選択して入門期に合わせてやさしく再構築したものが少なからずあります。

以下では、受験英語の黎明期《れいめいき》からそれぞれの時代の英語学習をリードしてきた「名著」を紹介しておきましょう。英語の達人たちが著してきた数々の良書の中でも特にお薦めの書籍です。先人たちの考えから新しい気づきを得るだけでなく、知的世界に浸《ひた》り「論理的な思考力」をみがくこともできるのです。

①英文法に関して

◇吉川美夫《よしかわよしお》 著『考える英文法』文建書房

◇安藤貞雄《あんどうさだお》 著『現代英文法講義』開拓社

◇綿貫陽《わたぬきよう》・須貝猛敏《すがいたけとし》・宮川幸久《みやかわよしひさ》・高松尚弘《たかまつなおひろ》 著『ロイヤル英文法』旺文社

◇今井邦彦《いまいくにひこ》・中島平三《なかじまへいぞう》・外池滋生《とのいけしげお》 著『エッセンシャル現代英文法』研究社出版

これらは英語学者が英文法の理論と実例について詳細に記述した文法書です。学生時代、「慣用句として覚えなさい」という一言で済まされていた表現にも、その裏には多くの論理的な裏付けがあります。

ここに挙げた文法書では、そうした表現に、可能な限り「論理」を見出し、ていねいに解説してくれています。一見非論理的に思える表現に対して理路整然とした説明がなされるのを読んだ時には、大きな知的感動を覚えることでしょう。

いずれも大部の書籍で、決してやさしいものではないのですが、日本を代表する定番の文法書です。『現代英文法講義』は第3章でも紹介しましたが（75ページ）、「これを読んでもわからなければ、類書を読んでも絶対にわからない」と言えるほどの究極の一冊です。英文法をしっかりと身につけたいのであれば、どれか一冊は手元に置いておきたいものです。

②英文解釈に関して

◇佐々木高政《ささきたかまさ》　著『（新訂）英文解釈考』金子書房
◇朱牟田夏雄《しゆむたなつお》　著『英文をいかに読むか』文建書房
◇多田幸蔵《ただこうぞう》　著『くわしい英米現代文の新研究』洛陽社
◇山崎貞《やまざきてい》　著『新々英文解釈研究』研究社出版
◇丹羽裕子《にわゆうこ》　編著『入試英文　精読の極意』研究社出版
◇薬袋善郎《みないよしろう》　著『思考力をみがく英文精読講義』研究社
◇行方昭夫《なめかたあきお》　著『英文の読み方』岩波新書
◇行方昭夫　著『英文快読術』岩波現代文庫
◇行方昭夫　著『実践　英文快読術』岩波現代文庫

◇古谷専三《ふるやせんぞう》 著『英語のくわしい研究法』たかち出版
◇古谷専三 著『英語のやさしい入門の本』たかち出版
◇古谷専三 著『英文の分析的考え方18講』たかち出版
◇小野圭次郎《おのけいじろう》 著『英文解釈研究法』河出書房新社
◇多田正行《ただまさゆき》 著『思考訓練の場としての英文解釈(1)』育文社
◇多田正行 著『思考訓練の場としての英文解釈(2)』育文社
◇筒井正明《つついまさあき》 著『本格派のための「英文解釈」道場』大修館書店
◇多田幸蔵 著『実戦本位　英文解釈の基礎』洛陽社
◇多田幸蔵 著『解釈のきめ手　英文研究法　増補改訂版』洛陽社
◇伊藤和夫《いとうかずお》 著『英文解釈教室』研究社
◇伊藤和夫 著『英語長文読解教室（改訂版）』研究社

第4章で英文の読み方についてくわしく紹介しましたが、英文解釈は英文法に勝るとも劣らず奥が深く、言語学習の醍醐味《だいごみ》を味わえる分野です。単語を調べてそれをつなぎ合わせるだけではまったく意味がわからない英文でも、ここに挙げた著者の手にかかれば、驚くほど明快に読み解くことができます。

数多く推薦しましたが、どの本にも英文を正確に読解するための工夫が随所になされています。また、日本人が英文を読む時にはどのような「思考の転換」が必要なのか、どのようなプロセスを経て正しい解釈に到るのか、まで解き明かしてくれる良書です。

ここで言う「解釈」とは単なる直訳ではなく、受け手側の正しい理解を必要とする行為です。つまり、読む側の価値観と教養が試される作業にまで高められるのです。

ちなみに、山崎貞著『新々英文解釈研究』の初版（最初の書名は『公式応用 英文解釈研究』）は、なんと大正元年（一九一二年）に出版されたものです。三訂版で『新々英文解釈研究』という名称になってからも、七〇年以上親しまれています。鎌田は大学受験時に、この本を隅々まで読み込んだ覚えがあります。

まさに日本の英語学習書史を代表する書物ですが、二〇〇八年に同著者の『新自修英文典』（研究社出版）とともに復刻版が発売されました。日本人の英語学習に大きな影響を与えた本が今でも書店で購入できるのは素晴らしいことではないかと思います。

③英作文に関して

◇佐々木高政　著『和文英訳の修業』文建書房
◇佐々木高政　著『英文構成法』金子書房
◇篠田錦策《しのだきんさく》、佐々木高政　著『和文英訳十二講』洛陽社

日本語を英語に直すという作業は、語彙力と文法力があったらすぐにできるものではありません。日本語と英語の表現形式の違いや、日本人と英米人の思考の違いを明確にとらえなければならないからです。これらの書物は、どうすれば英語が書けるようになるかを具体的に示してくれます。

佐々木高政の著作は戦後を代表するものですが、六〇年以上が経過した今も書店で入手できます。例文に多少の古さを感じさせるものもありますが、現在でも十分に活用できます。たとえば、『和文英訳の修業』に掲載されている五〇〇題の例文を覚えれば、たいていのことは英語で表現できるようになるでしょう。なお、やさしいレベルから始めたい人には、『和文英訳十二講』をお薦めします。

あとがき

「日本人は英語ができない」は本当か

英語が国際語であることは「常識」ですが、若い人にはその常識が浸透していないように思います。なかなか英語学習に対してやる気を出してくれないのです。

講義や講演会で英語学習の大切さを説いても、「今さら英語なんか勉強しても仕方ない」「もう遅いのではないか」などと、ネガティブなことを言う人たちがあまりにも多いのです。たとえば、学校を終えたビジネスパーソンに「英語の勉強は楽しかったか」と尋ねると、ほぼ全員が「楽しくなかった」と回答します。

一方では、英語をペラペラしゃべっている人には、たいていの人が憧《あこが》れを持っています。「英語が得意になりたいですか」という質問には、全員が「はい」と答えるのです。

英語が苦手な日本人は大勢いますが、そうした人たちも「英語ができる自分」にはいつも憧れているのです。これは、同時に英語学習を苦行のように感じさせてきた教育に問題があったと言えるでしょう。「英語ができる自分」に憧れはするが、とうてい、実現不可能だと思わせてしまっている現実こそが問題なのです。

英語はもはや特殊技能ではありません。バイオリンや野球のように一部の才能を持った人間だけが習得し、活躍できるものではないのです。「誰もが習得しうる技能」という意味では、自動車の運転と近い存在であるべきです。

たとえば、プロフェッショナルのバイオリン奏者やJリーガーに会えば感嘆しますが、車の運転免許証を持っている人に出会っても誰も驚きません。

私たちは、英語の学び方を変えたら、英語は必ずできるようになる、と信じています。実際に英語を使いこなしてきた経験から、決してむずかしいものではないことを知っています。本書では、私たちの行なってきた工夫の数々を具体的に紹介してきました。

「日本人は英語ができない」というのは、日本人全体の共通認識のようになってしまっていますが、明らかに間違いです。本当はもっとずっと簡単に英語ができるようになるのです。

もちろん魔法はありませんが、正しい方策と習得を助ける継続的な動機付けがあれば、必ずできるようになります。しかもその「正しい方策」の根幹は、見たこともないような新しい習得術ではなく、皆さんが中学と高校で学んできた「学校英語」なのです。

学校英語を武器にしよう

一世紀前に『新々英文解釈研究』を記した山崎貞の時代にも、「文法ばかり学習するから英語が話せるようにならないのだ」と文法不要論が強まったことがあります。それに対して山崎らは、『自修英文典』などで文法学習の重要性を訴えました。つまり、日本の英語学習は、一〇〇年も前から同じ課題を背負い、似たような論争を延々と繰り返してきたのです。

英語が読める、話せる、といった実践的な力を身につけるためにどのような学習法が最適なのか、は永遠のテーマです。これからも我が国では、試行錯誤が続くでしょう。しかし、体系立てた英文法の習得や、緻密な読解訓練は、いかなる時代であっても必要である、と私たちは強く信じています。

その英文法や英語の読み方こそ、皆さんが大学受験のために中学高校や塾で学習してきたものです。「日本人は英語を話せない」と批判されるのは、決して日本の英語教育が根本的に間違っていたからではありません。ただ少しばかり、それらの知識を現場で活用するための訓練が足りていなかっただけなのです。

すなわち、読者の皆さんが英文法や英文解釈を学び直して、基礎を築きあげることが、本当に英語を使いこなせるようになる第一歩なのです。

少しの「追加学習」で生き返る受験英語

英語教育史を専門とする江利川春雄教授は、日本人の英語学習史を論じた『受験英語と日本人』（研究社）で、「そこで認識させられたのは、受験参考書こそは日本人にふさわしい英語学習法の宝庫だということだ」と述べています。そして本書の第3章と第8章で紹介した伊藤和夫・山崎貞・小野圭次郎らの著作を、「英語をいかにわかりやすく効率的に学習できるかを追及」したもの、と高く評価しています。

ある意味、受験英語が日本人の英語力の基礎を作ってきたとも言えます。こうした環境で英語を学習してきた皆さんに必要なのは、ほんの少しの「追加学習」です。すなわち、学校時代の勉強内容なんて忘れてしまった、という方も、まったく大丈夫なのです。学生の頃の英語学習から何年もたっていても、一度鍛えられた頭の奥底には、英語を受け入れる土台が必ず残っているからです。

本書は、英語習得までの合理的な道筋を示したものです。奇策に走らず、地に足のついた勉強法で英語を習得してもらうことを目的として、ていねいに書きました。その道筋は、誰もが当たり前に英語を学習できる道なのです。これを本書では「理系的学習システム」と呼んできましたが、人並みはずれた努力と根性を要する苦行では決してないのです。

鎌田が高校生だった頃、友人の一人がこう語ったことがあります。「美術の成績を上げるにはデッサンの才能がないと無理だけど、英語は決まったことをやったら必ず成績が上がるんだぜ」。こう言った彼は、特に英語が好きでもなかったので、文字どおり淡々と英語を勉強していました。その後イギリスに留学し、今では英語を使う仕事に就《つ》いています。

さらに、皆さんが英語を使えるようになることは、自分のためだけでなく、次の世代に勇気と自信を与えることにもなります。英語を自然に使いこなす大人が数多くいる社会を、子どもたちに示すことが何よりも大切ではないか、と私たちは考えています。

彼らに、「正しく学習すれば英語は当たり前のように習得できる」と思わせていただきたいと思います。英語ができるようになることで、自分の人生が変わるだけでなく、大きく言えば、日本の社会全体が変わるきっかけを作っていきたいのです。

英語は必ずできるようになる

英語を教える側と学ぶ側の双方が、これからも試行錯誤を繰り返しながら、国際語ナンバーワンの英語に取り組むことになるでしょう。時には過去のメソッドを批判しあいながらも、英語が使える日本人が次第に増えていくことが肝要です。

あとがき

英語の学習法と教材は、さまざまな新しいアイデアと最新の機器を取り入れながら現在でも進化しています。これまでの英語教育のプラスの面をきちんと評価し、効率よく追加の勉強をすれば、国際社会に通用するビジネスパーソンは続々と誕生すると思います。

その時に、「学校英語をもとにすれば、ちゃんと英語が使えるようになる」ことを自覚することが、もっとも大切なのです。言語学と心理学の知識を活用し、これまでに蓄積された英語教育の良い部分を継承しながら、効率の良い英語学習を進めていただきたい、と私たちは考えています。本書がその一助となればこのうえない幸いです。

英語の勉強は、今からでもまったく遅くはありません。読者の皆さんが英語をマスターし、新しい「フレームワーク」の手段を獲得し、さらに豊かな人生への第一歩を踏み出されることを願っています。最後になりましたが、祥伝社の高田秀樹さんに深謝いたします。

鎌田浩毅
吉田明宏

キーワード索引

〈か行〉

〈さ行〉

〈た行〉

〈な行〉

〈は行〉

〈ま行〉

〈や行〉

〈ら行〉

〈わ行〉

引用文献索引

〈書籍〉

引用文献索引

木村達哉『ユメタン』（アルク） 165, 236
国井信一・橋本敬子『究極の英語学習法Ｋ／Ｈシステム　入門編』（アルク） 197, 234
斎藤兆史『英語達人列伝』（中公新書） 110
佐々木高政『（新訂）英文解釈考』（金子書房） 253
佐々木高政『和文英訳の修業』（文建書房） 256
佐々木高政『英文構成法』（金子書房） 256
篠田錦策・佐々木高政『和文英訳十二講』（洛陽社） 256
ジャン＝ポール・ネリエール、ディビッド・ホン『世界のグロービッシュ』（東洋経済新報社） 162
朱牟田夏雄『英文をいかに読むか』（文建書房） 253
関口雄一『驚異のグロービッシュ英語術』（高橋書店） 162
多田幸蔵『くわしい英米現代文の新研究』（洛陽社） 253
多田幸蔵『実戦本位　英文解釈の基礎』（洛陽社） 254
多田幸蔵『解釈のきめ手　英文研究法　増補改訂版』（洛陽社） 254
多田正行『思考訓練の場としての英文解釈(1)』（育文社） 254
多田正行『思考訓練の場としての英文解釈(2)』（育文社） 254
巽一朗『英語の発音がよくなる本』（中経出版） 53
筒井正明『本格派のための「英文解釈」道場』（大修館書店） 254
中澤幸夫『話題別英単語リンガメタリカ』（Z会出版社） 236
行方昭夫『英文の読み方』（岩波新書） 253
行方昭夫『英文快読術』（岩波現代文庫） 253
行方昭夫『実践 英文快読術』（岩波現代文庫） 253
西きょうじ『英文読解入門　基本はここだ！』（代々木ライブラリー） 136
丹羽裕子『入試英文　精読の極意』（研究社出版） 253
沼越康則『ネイティブ500人に聞いた！日本人が知らない、はずむ英会話術』（アスキー・メディアワークス） 212
平泉渉・渡部昇一『英語教育大論争』（文春文庫） 106
古川昭夫『英語多読法』（小学館101新書） 115, 117
古谷専三『英語のくわしい研究法』（たかち出版） 254
古谷専三『英語のやさしい入門の本』（たかち出版） 254
古谷専三『英文の分析的考え方18講』（たかち出版） 254
ポール・ノラスコ『仕事の英語 緊急対応マニュアル 電話・メー

ル編』(旺文社) 210
マーシャ・クラッカワー『日本人の英語力』(小学館101新書) 106
薬袋善郎『思考力をみがく英文精読講義』(研究社) 253
三宅滋・太田恵子『日本一やさしい 初めてのシャドーイング』(成美堂出版) 148
安河内哲也『英文法レベル別問題集』(東進ブックス) 233
山崎貞・毛利可信『新自修英文典』(研究社出版) 80, 255
山崎貞『新々英文解釈研究』(研究社出版) 253, 255, 260
山崎貞『公式応用 英文解釈研究(1912年)』255
山崎貞『自修英文典(1913年)』 260
横山研治『英語は突然うまくなる』(プレジデント社) 202
吉川美夫『考える英文法』(文建書房) 252
林語堂『開明英文文法』(文建書房) 75
綿貫陽・須貝猛敏・宮川幸久・高松尚弘『ロイヤル英文法』(旺文社) 252

〈新聞・雑誌・単語帳・辞書・ウェブサイト 他〉

CNN English Express(朝日出版社) 148, 186, 234
CNN Student News(CNN) 195, 240
ENGLISH JOURNAL(アルク) 234
English Plus(成美堂出版) 234
Eゲイト英和辞典(ベネッセコーポレーション) 126
Nature(Nature Publishing Group) 176, 178
Science(AAAS) 176, 178
SCIENTIFIC AMERICAN(Scientific American, Inc.) 176-178
TED 195
The Asahi Shimbun 237
USニューズ・アンド・ワールドリポート〔US News and World Report〕 238
朝日ウィークリー〔Asahi Weekly〕 239
ウィズダム英和辞典(三省堂) 125
英語タウン(英語タウン・ドット・コム) 248
英語手帳(IBCパブリッシング) 203-205, 207, 243
「書き込み式20日間完成シリーズ」英文法〔高校初級用〕(日

切りとり線

★読者のみなさまにお願い

この本をお読みになって、どんな感想をお持ちでしょうか。祥伝社のホームページから書評をお送りいただけたら、ありがたく存じます。今後の企画の参考にさせていただきます。また、次ページの原稿用紙を切り取り、左記まで郵送していただいても結構です。

お寄せいただいた書評は、ご了解のうえ新聞・雑誌などを通じて紹介させていただくこともあります。採用の場合は、特製図書カードを差しあげます。

なお、ご記入いただいたお名前、ご住所、ご連絡先等は、書評紹介の事前了解、謝礼のお届け以外の目的で利用することはありません。また、それらの情報を6カ月を越えて保管することもありません。

〒101―8701（お手紙は郵便番号だけで届きます）
祥伝社新書編集部
電話03（3265）2310
祥伝社ホームページ　http://www.shodensha.co.jp/bookreview/

★本書の購買動機（新聞名か雑誌名、あるいは○をつけてください）

＿＿＿＿新聞の広告を見て	＿＿＿＿誌の広告を見て	＿＿＿＿新聞の書評を見て	＿＿＿＿誌の書評を見て	書店で見かけて	知人のすすめで

★100字書評……一生モノの英語勉強法

名前

住所

年齢

職業

鎌田浩毅　かまた・ひろき

京都大学大学院人間・環境学研究科教授。1955年生まれ。東京大学理学部卒業。専門は火山学・地球科学。世界的研究で得た理系的な勉強法と仕事術を提唱。京大での講義は圧倒的な人気を誇る。著書に『一生モノの勉強法』『ラクして成果が上がる理系的仕事術』『成功術 時間の戦略』『富士山噴火』など。

吉田明宏　よしだ・あきひろ

1973年生まれ。大阪外国語大学（現・大阪大学外国語学部）卒業。関西を中心に展開する現役予備校・研伸館で高校生と中学生に英語を教える。堅実で的確な英語教育法と巧みな話術により、学力向上と志望校合格へ着実に成果を出している。生徒・保護者双方から絶大な信頼を受けるカリスマ英語教師。

一生《いつしよう》モノの英語勉強法《えいごべんきようほう》

――「理系的」学習システムのすすめ

鎌田浩毅《かまたひろき》　吉田明宏《よしだあきひろ》

2013年３月10日　初版第１刷発行
2015年３月５日　　　　　８刷発行

発行者……………竹内和芳
発行所……………祥伝社《しょうでんしゃ》
〒101-8701　東京都千代田区神田神保町3-3
電話　03(3265)2081(販売部)
電話　03(3265)2310(編集部)
電話　03(3265)3622(業務部)
ホームページ　http://www.shodensha.co.jp/

装丁者……………盛川和洋
印刷所……………萩原印刷
製本所……………ナショナル製本

Printed in Japan　ISBN978-4-396-11312-4　C0282

〈祥伝社新書〉
現代を知る

126
破局噴火
秒読みに入った人類壊滅の日
日本が火山列島であることを忘れるな。七千年に一回の超巨大噴火がくる！
日本大学教授
高橋正樹

229
生命は、宇宙のどこで生まれたのか
「宇宙生物学（アストロバイオロジー）」の最前線がわかる！
国立天文台研究員
福江　翼

242
数式なしでわかる物理学入門
物理学は「ことば」で考える学問である。まったく新しい入門書
神奈川大学名誉教授
桜井邦朋《くにとも》

258
「看取《みと》り」の作法
本当にこれでよかったのか……「看取りと死別」の入門書
精神科医
香山リカ

290
ヒッグス粒子の謎
宇宙誕生の謎に迫る世紀の大発見。その意味と成果をこの一冊で
東京大学准教授
浅井祥仁《しょうじ》